LA BIBLE
DE L'HUMOUR JUIF

Marc-Alain Ouaknin
Dory Rotnemer

La Bible
de l'humour juif

Entre 500 et 1000 blagues

Éditions Ramsay
Daniel Radford éditeur

Voilà des histoires juives
telles que les aimait Sigmund Freud.
Elles m'ont été racontées par mon grand-père
qui parlait dix-sept langues,
toutes en yiddish...

Remarque préliminaire

Tout le monde a fait cette expérience intéressante et paradoxale : lire un livre de blagues n'est pas toujours drôle.

Lire et raconter sont deux choses complètement différentes. Quand on raconte à une autre personne ou à un groupe, il se crée une certaine tension qui fait partie de l'effet de la blague. Les mots prennent une force qui n'existe pas dans la simple lecture.

Un livre de blagues n'est pas fait pour être lu ! Ce que nous présentons ici n'est donc pas un livre.

C'est un recueil de multiples fragments qu'il ne faut pas enchaîner les après les autres, car cet enchaînement est contraire à l'esprit de « déchaînement » que produit l'humour.

Lire, raconter et savourer...

Une ou deux histoires à la fois, pas plus.

A consommer avec modération.

Introduction

« Suivez le guide ! »

— Quelle est la définition d'un Juif ?
— C'est simple, quand on lui raconte une blague, il la connaît toujours sous une autre forme !

Tous les vendredis soir, réunis autour de la table du Chabbat, nous avions coutume, avec nos invités, souvent nombreux, de raconter et commenter des passages du texte biblique, et d'entonner des chants du Chabbat, comme cela se fait traditionnellement. Façon harmonieuse de sentir et de partager la joie d'être ensemble.

Un jour, l'un de nos invités se mit tout naturellement à raconter des histoires drôles, pour le plus grand plaisir des enfants, mais aussi des parents. La première, c'était l'histoire de l'homme qui déchire et jette des petits bouts de papier sur la place d'Italie. Un policier s'approche de lui et lui demande pourquoi il fait cela. L'homme lui répond que c'est pour faire fuir les éléphants. Le policier lui rétorque qu'il n'y a pas d'éléphants sur la place d'Italie. Alors l'homme, triomphant : « Vous voyez bien que ça marche ! »

Nos enfants en redemandèrent.

De semaine en semaine, l'invité revint avec un lot chaque fois renouvelé de blagues en tous genres.

Au bout de quelques mois, le repas chabbatique devint pour nous synonyme non seulement de chants et d'exégèse, mais aussi, et peut-être surtout, de contes, de récits et d'histoires drôles.

Avec le temps, toute la famille put être considérée comme spécialiste de blagues juives et non juives. Les invités étaient prévenus. Venir chez nous signifiait qu'il fallait apporter sa contribution à l'édification de l'*opus humoristicus* (à lire avec l'accent !).

Je me demandai alors si ce glissement progressif de l'exégèse l'humour, du « lire aux éclats » à l'« éclat de rire » était dans l'esprit du rituel que nous mettions en œuvre lors de ces repas du Chabbat.

En d'autres termes, je me demandai quels étaient les rapports entre l'humour et le judaïsme, en quoi l'humour faisait partie de la dimension juive de l'être. Ici, le rabbin et le philosophe posaient ensemble la question.

J'entrepris alors une longue recherche, dont voici en résumé les grandes lignes. Je les présenterai ici sous forme de références commentées au fur à mesure.

Dans le texte biblique, l'humour est un aspect fondamental du déroulement de l'histoire. En effet, l'histoire — en hébreu *toldot* — signifie les « engendrements ». Tel engendra tel, etc. La lignée hébraïque commence avec Abraham l'Hébreu, *Avraham ha-ivri.* L'histoire est connue : Abraham a épousé la belle Sarah qui malheureusement ne peut avoir d'enfant. Après dix ans de vie commune, et après que la servante Hagar a enfanté pour Abraham un enfant qui porte le nom de Yichmaël, on annonce à Abraham qu'il va avoir un fils.

Abraham réagit en tombant sur sa face et *se mit à rire...* Il se dit en son cœur : « Naîtrait-il un fils à un centenaire ? Et à quatre-vingt-dix ans Sarah deviendrait-elle mère ? » Dieu lui répond : « En effet, Sarah te donnera un fils, et tu le nommeras Isaac (Yits'haq) », c'est-à-dire *celui qui rira,* dont le futur sera fait de rire, d'un rire éternel... (Genèse 17, 17).

Plus tard, on annonce aussi à Sarah qu'elle va devenir mère.

Comment est-ce possible, se dit-elle, je suis maintenant âgée de quatre-vingt-dix ans, et elle *se mit à rire* intérieurement. Et *Sarah rit...* Elle se dit : « Après être flétrie, aurai-je encore de la jouissance ! Et mon époux est un vieillard ! » (Genèse 18, 12).

Dans le texte biblique, c'est Dieu qui donne le nom d'Isaac, le messager du rire. Il souligne par là non seulement la réaction étonnée des deux futurs parents qui n'y croyaient plus, mais aussi le fait que l'ouverture de la matrice, cette entrée dans la créativité, dans la geste divine de la création, est de l'ordre du rire : *Dieu rit et le monde fut...*

Abraham ou le premier rire biblique : enfantement.

Rachi donne le commentaire suivant : « YiTS'HaQ : rire d'Abraham, et aussi nom de son fils qui va naître après cet épisode ; ce n'est pas un mot ni un nom, mais un assemblage de lettres qui signifient d'abord pour elles-mêmes, avant de signifier dans le tout du mot. »

En hébreu, seules les consonnes sont inscrites dans l'écriture, chaque lettre-consonne étant aussi un chiffre. Les voyelles sont ajoutées par le lecteur. L'utilisation de cette équivalence entre les lettres et les chiffres se nomme la *guematria ;* celle-ci n'est en aucun cas une démonstration, mais donne à penser. Encore faut-il répondre à cette invitation. Ainsi Rachi, reprenant le commentaire du Midrach, explique les lettres de Y. TS. H. Q. de la manière suivante :

Y = 10 : ce sont les dix épreuves qu'a subies Abraham, ou les dix ans que Abraham aura attendus pour avoir un enfant de Sarah.

TS = 90 : l'âge de Sarah à la naissance d'Isaac.

H = 8 : le huitième jour, le temps de la circoncision.

Q = 100 : l'âge d'Abraham à la naissance d'Isaac.

Le premier rire de l'histoire biblique est un « éclat de lire » :

— Aurai-je un fils après dix ans d'attente ?

— Mais elle a quatre-vingt-dix ans !

— Un fils qu'il faudrait circoncire à huit jours !

— Mais j'ai déjà cent ans !

L'humour et le rire offrent le temps au temps et ouvrent les portes de l'histoire...

Pour Rachi, l'essence d'*Isaac-YTS'HaQ,* c'est-à dire l'essence du rire et de tous les rires futurs, réside dans le mot, dans le jeu de mots. Presque deux mille ans avant Freud, Rachi énonce cette articulation du rire et du mot, articulation qui prendra sous la plume de Freud l'ampleur que nous lui connaissons. Le rire, le mot d'esprit, le *witz.*

Le rire serait avant tout un « éclat de lire », une façon particulière de *délire,* de *délier* la langue pour accéder à la parole. Le jeu de mots, le jeu avec les mots est une façon de réintroduire du vivant et du dynamisme dans la langue et dans l'être qui oublie de vivre et de jouir.

Le rire est ce qui produit l'éclat en introduisant un souffle, un mouvement d'espacement dans le mot. Ce souffle desserre, délimite le mot, l'ouvre à d'autres mots, à d'autres phrases, l'inscrit dans des ensembles instables.

Mouvements, écarts, étrangetés.

Il y a dans ces « éclats de lire » des glissements sans fin qui emportent dans leur déferlement toute fixité, toute limite, toute marge calculable, toute frontière infranchissable.

La naissance d'Isaac est une grande blague, un *joke,* un événement qui défie la logique, qui brise les habitudes de pensée. Et c'est en cela qu'il rend possible l'histoire.

L'histoire, c'est-à-dire une vie rieuse, une vie qui désignifie le sens constitué. Une vie qui ne propose aucun sens constitué ou préfabriqué.

La vie rieuse est vagabonde et nomade, elle ne sait pas à l'avance où elle va. « Partir, tel est son but. » La vie rieuse s'invente en s'avançant... La naissance non logique d'Isaac, la naissance du rire, fait éclater toute pensée qui s'installerait dans l'illusion de contenir logique et vérité.

D'après le commentaire de Rachi, cette brisure des cadres de la logique passe par la brisure de la langue, lecture aux éclats qui nous apprend, nous réapprend à parler, « en redonnant la parole à la langue ».

Apprendre à parler, c'est d'abord apprendre à entendre.

L'essence de l'humour est dans le jeu de mots qui nous offre une oreille nouvelle. On entend ce qui n'était plus audible à force d'habitude. Il arrive souvent que les idées et les pensées s'éteignent et soient défigurées par l'usure et l'usage, comme le sont les pièces de monnaie qui, à force de circuler, perdent leur effigie.

La technique du double sens et l'homonymie produisent souvent des malentendus qui nous font ouvrir les oreilles : On se rappelle ce texte subtil de Jacques Prévert qui s'intitule : « Suivez le guide ! »

« Le guide. — Suivez le guide !

« Un touriste. — Je suis le guide.

« Son chien. — Je suis mon maître.

« Une jolie femme. — Je suis le guide. Donc je ne suis pas une femme puisque je suis un homme.

« Le touriste. — Je suis cette femme.

« Son chien. — Et moi aussi, je suis cette femme, puisque je suis mon maître.

« Le guide. — Suivez le guide. Moi je ne suis pas le guide puisque je suis le guide.

« Le touriste. — Je voudrais bien savoir qui est cette jolie femme que je suis. »

Etc.

Dans un autre style d'homophonie, où deux mots se réunissent et s'entendent comme un seul mot :

— Écoute, Israël, l'Eternel est notre Dieu, l'Éternel *est Un.*

— Quand est-ce qu'on le rallume ? demande l'enfant.

Nous pouvons aussi rappeler ici l'histoire de l'aveugle et du paralytique, empruntée à Lichtenberg et que cite Freud dans son livre *Le Mot d'esprit.*

— Comment *allez-vous ?* dit l'aveugle au paralytique.

— Comme *vous voyez,* répond ce dernier à l'aveugle.

La mise en scène de la blague permet de faire entendre les mots dans leur sens originaire. « Le mot d'esprit réalise justement les conditions dans lesquelles des mots dont le sens primitif a pâli, récupèrent leur sens plein. « Cet aspect du fonctionnement de l'humour est particulièrement intéressant dans le cadre des blagues juives, car on rencontre une proximité méthodologique avec le Midrach, c'est-à-dire le commentaire sur les textes bibliques. Ces commentaires se fondent sur l'homonymie ou l'homophonie de deux mots pour les rapprocher et entendre dans le texte de nouvelles sonorités, qui ouvrent le texte et le conduisent vers de nouveaux horizons. C'est ce qui parfois donne cet aspect comique à certaines traductions de la Bible, qui restituent le sens originaire au lieu d'utiliser le sens habituel. Par exemple, lorsque André Chouraqui traduit l'épisode du déluge et de la célèbre arche de Noé, il écrit :

Dieu dit à Noé : « Viens, toi et toute ta maison, vers la caisse. » La *caisse de Noé* ! Nous sommes plongés ici en plein humour et pourtant, rien de plus sérieux. Chouraqui redonne seulement son sens premier au mot hébraïque. *Téva* est traduit par *arca* dans la traduction latine, reprenant elle-même la traduction grecque de *kibotos*. *Téva*, c'est bien la boîte, la caisse. Traduire *téva* par « caisse », c'est par un coup d'humour donner à entendre du neuf par-delà l'usure du temps et de l'habitude. Par la *caisse* intrigué, le lecteur ou l'auditeur s'arrête et se met à réfléchir... Mais bien sûr, *caisse* et non pas *arche*, etc.

Lorsque que le Baal Chem Tov, le fondateur du hassidisme, traduit le mot *téva* par le terme de « mot, » il rappelle à l'oreille et à l'esprit que le mot *téva* est certainement une *caisse* comme l'a traduit Chouraqui, mais que c'est aussi un *mot*, ce qui donnerait la traduction suivante : « Dieu dit à Noé : “Viens, toi et toute ta maison, dans le mot.” »

Magnifique humour du commentaire qui, entendant les mots sous les mots, produit un renouvellement extraordinaire du sens et des mentalités en général.

Le traducteur n'est donc pas nécessairement un traître comme le voudrait cet autre jeu de mots en italien, *traduttore, traditore* : « traduire, c'est trahir ». Au contraire, traduire c'est parfois guérir le langage usé et lui donner un second souffle...

Un autre exemple du double sens que souligne l'exégèse midrachique. Lors de la création de la femme, le texte dit : « Ce n'est pas viable pour l'homme d'être seul, je vais faire une aide en face de lui. »

Tous les commentaires et Rachi en particulier soulignent que le mot *kenégdo* que nous venons de traduire par « en face de lui » signifie dans son sens originaire : « *contre* lui » : Je ferai une femme contre lui, dit Dieu. Comme possibilité de fracture de l'être (version philosophique).

« Je suis *contre* les femmes, tout *contre* » : version humoristique (version Sacha Guitry).

Un Juif rencontre un autre Juif devant un établissement de bains et lui dit :

— Tu as pris un bain ?

— Pourquoi ? demande l'autre. Il en manque un ?

Bel exemple de double sens qui n'est bien sûr pas la seule technique du jeu de mots, mais qui pose de façon claire le rapport entre l'humour et le langage.

C'est une brillante soirée mondaine, très chic, avec des invités tirés sur le volet. A un moment, deux convives vont prendre l'air sur la terrasse :

— Ah ! fait l'un d'un ton satisfait, belle soirée, hein ? Repas magnifique... Jolies toilettes, n'est-ce pas ?

— Ça, dit l'autre, je n'en sais rien.

— Comment ça ?

— Je n'y suis pas allé !

Le parallèle que nous venons de souligner entre les techniques de l'humour et de l'exégèse du Midrach peut nous faire comprendre ce passage du Talmud qui dit que Rabba, un maître du Talmud, commençait toujours son enseignement par une *mila débdi'houta,* c'est-à-dire par une note d'humour, littéralement « par des mots divertissants »...

On ne peut entrer dans le Talmud, ni dans la pensée juive en général, sans humour. Par opposition au sérieux de la logique philosophique, ce qu'on appelle l'humour talmudique, ou encore l'humour juif, c'est la mise en doute des vérités toutes faites, et d'abord la mise en doute de soi-même.

Mais le rire, cette « lecture aux éclats » du Midrach et du Talmud, ne prétend pas opposer une vérité à une autre. « L'humour exige de l'homme autre chose encore : qu'il se moque de lui-même, pour qu'à l'idole renversée, démasquée, exorcisée ne fût pas immédiatement substituée une autre idole » (Vladimir Jankélévitch).

Pour éviter l'enfermement dans une vérité unique qui serait une idole de sens, le Talmud met en place une exposition de la pensée sous forme d'un dialogue où chacun peut énoncer sa perception du monde, même si chacune est en contradiction avec l'autre. Nous avons là une source d'humour extraordinaire, qui est en même temps une révolution philosophique fondamentale. Il n'existe pas une seule vérité, mais seulement des perspectives différentes de monde.

Rencontre du tort et de la raison, « à tort et à raison »... Comme dans cette histoire qu'on attribue — probablement à tort — au Talmud. Un maître rendait la justice entre deux plaignants, devant ses disciples. Au premier qui exposait son cas, le juge, après une longue réflexion, décida de donner raison. Mais quand le deuxième eut fini de plaider, le juge lui donna aussi raison. Aux disciples qui s'étonnaient, le maître, après une nouvelle réflexion, répondit : « En effet, vous avez raison. »

Cette histoire drôle qu'Henri Atlan raconte en ouverture de son livre *A tort et à raison*[1] (que des oreilles humoristiques pourraient entendre en une condensation rapide : *la Torah a raison),* nous enseigne avec sérieux « qu'il existe plusieurs rationalités, différentes façons d'avoir *raison,* légitimes bien que différentes, pour rendre compte des données de nos sens...

« Face aux risques de confusion qu'un besoin irrépressible de fonder l'éthique (et la politique) en vérité objective, *il est un remède*

1. Éditions du Seuil, 1986.

possible : l'humour sérieux de la multiplicité et de la relativité des jeux de connaissance, de raison, d'inconscient, de langage... »

— Quelle est la définition du Juif ?
— C'est simple, quand on lui raconte une blague, il la connaît toujours sous une autre forme !

L'homme de l'humour qui refuse de s'enfermer dans un sens unique du monde, est toujours en chemin. Il refuse de s'enfermer, de s'emprisonner dans une quelconque phrase définitive. Sa définition est de ne pas avoir de définition. Résonne dans cette dernière phrase la question de l'identité. L'histoire des Juifs, qui commence avec Abraham et son fils « Monsieur Humour », ne peut se poursuivre que si l'homme reste vigilant à ne pas s'identifier à une simple image de l'homme.

L'homme de l'humour est toujours à la recherche d'une dé-signification, qui signifie que toutes les fois qu'il veut se mirer en lui-même, le miroir se brise.

L'humour juif vient essentiellement nous enseigner qu'« il n'y a pas à s'étonner que la question de l'identité ne puisse recevoir de réponse. Elle n'en recevra pas. Ou, ce qui revient au même, elle ne cesse, ne cessera pas d'en recevoir. Non seulement il n'y a pas de définition du Juif, mais comme tout ce qui est de l'ordre de l'humain, il échappe au définir » (H. Meschonic).

Il n'y a pas d'identité, mais seulement des possibilités d'identité : des identités possibles. Des identités possibles et parfois contradictoires.

Nous sommes en Pologne en 1930. Un jeune Juif sort de son shtetl, son petit village, pour passer quelques mois à Varsovie, la capitale. Au bout de trois mois, il revient dans son village et réunit ses amis pour leur raconter son expérience :

— Varsovie est une ville ex-tra-or-di-nai-re ! Quelle richesse, quelle diversité ! J'y ai rencontré un Juif orthodoxe qui ne parle que de Talmud, toute la journée il médite les textes de la tradition et, dès que vous lui adressez la parole, il inaugure son propos par une citation biblique. J'y ai rencontré un Juif complètement athée qui ne veut pas entendre parler de Dieu et qui veut qu'on le laisse tranquille avec toutes ces histoires à dormir debout, qui n'ont de sens que pour les naïfs et les enfants. J'y ai rencontré un Juif chef d'entreprise, qui dirige des usines avec des centaines d'employés ; il roule dans de magnifiques voitures de grand luxe. J'y ai rencontré un Juif communiste enflammé, qui ne parle que d'égalité entre les hommes et de lutte et de supression des classes.

Tous les amis présents regardent le jeune homme avec étonnement :

— Mais qu'y a-t-il de si extraordinaire, Varsovie est une très grande ville, c'est une capitale, il y a plusieurs centaines de milliers de Juifs, c'est normal que tu aies rencontré des Juifs si différents !

— Vous n'avez rien compris, répond le jeune homme, c'était le même Juif !...

Cette question centrale de l'identité est ce qui provoque dans l'humour, et dans l'humour juif en particulier, la mise en place d'une série d'oppositions telles que :

— L'homme et la femme
— Le pauvre et le riche
— La jeunesse et la vieillesse
— Le juif et le non-juif
— Le juif et l'antisémite
Etc.

Ces oppositions ne sont pas là pour trancher et souligner des différences, mais au contraire pour les brouiller et les remettre en question. C'est là la grande différence entre une blague juive et une blague sur les Juifs, souvent antisémite. Dans la blague juive, la description qui est faite du Juif ne vise pas à l'enfermer dans des critères stéréotypés : l'argent, l'aspect physique... La blague juive utilise les stéréotypes pour les faire éclater. Le rire est alors une corrosion de l'intégrité de l'identité. Le rire éclate à la frontière de l'identification-désidentification, frontière mouvante dans laquelle on se perd, on se trouve et on se reperd infiniment...

Dans la blague antisémite, le Juif est assigné à être ce que les autres veulent qu'il soit. Son identité est figée d'avance et la blague est une façon efficace de faire circuler les formules et les images qui conduisent le Juif à être en *état d'arrestation, c'est-à-dire dans un état fixé une fois pour toutes...*

« Pourquoi les Juifs ont-ils un grand nez ? Parce que l'air est gratuit ! » Voilà l'exemple type de la blague antisémite, qui a certainement fait sourire de nombreux Juifs eux-mêmes. Caricature qui chosifie l'être vivant, désire le figer, voire le tuer, par des mots ou des idées. La caricature stéréotypée est un cercueil linguistique et idéologique. Éclat mortifère qui est à l'opposé de la notion même de l'humour.

La question de l'identité est au cœur de la problématique du Juif. Historiquement, ayant vécu dans des nations qui ne l'ont pas toujours considéré comme citoyen à part entière, le Juif s'est créé une identité en mouvement qui parfois peut se traduire en termes de pathologie allant de la simple névrose à la psychose.

Woody Allen et ses personnages sont la mise en scène de ce questionnement. Qu'on pense au personnage de Zélig, dont l'identité protéiforme en est la caricature. Une des interprétations de *La Métamorphose* de Kafka va dans ce sens, et c'est d'ailleurs en ce sens que ce texte de Kafka est avant tout un texte humoristique.

Les blagues juives mettent en scène des personnages non juifs qui sont souvent soumis à la moquerie, souvent tournés en ridicule. Cela a été et reste encore une bonne façon de supporter le rejet social que les Juifs ont subi pendant longtemps. Ce malheur d'être rejeté et haï n'est pas une nouveauté occidentale ni un accident de la modernité. Le texte biblique déjà relate le célèbre épisode de cet Aman antisémite qui veut détruire tous les Juifs des 127 provinces du royaume d'Assuérus. Grâce à la reine Esther qui a d'abord caché ses origines juives, Aman et ses dix fils seront pendus sur la potence qui devait servir à pendre Mardochée, le chef spirituel et politique des Juifs de Suse. Tout cela est raconté dans le livre biblique d'Esther.

Chaque année les Juifs commémorent cet événement par une fête qui prend la forme d'une lecture publique où les enfants et les adultes sont déguisés, ce qui souligne bien l'idée du brouillage des identités dont nous avons parlé plus haut. Chaque fois que le lecteur prononce le nom d'Aman, les enfants agitent une crécelle, conspuant ainsi le méchant ennemi du peuple juif. L'annonce de sa pendaison est accueillie avec une immense joie. L'assemblée des fidèles d'une petite synagogue se transforme effectivement en la foule immense de Suse, assistant à la mort de celui qui avait juré leur perte.

Chaque blague qui met en scène l'antisémite joue le même rôle.

C'est dans une optique différente que peuvent être lus certains textes de la Bible qui nous présentent une confrontation entre Juifs et non-Juifs, à entendre ici dans le sens d'idolâtres. L'humour se fait moquerie et dénigrement et a un rôle de renforcement idéologique de la foi du lecteur.

Dans le livre des Rois I (18, 27), le prophète Elie propose aux prophètes de Baal de demander à leurs dieux de faire descendre un feu du ciel pour allumer l'autel du sacrifice. Leurs dieux ne se manifestent pas. Alors Elie leur dit : « Criez à haute voix ! Oui, Elohim, lui ! Peut-être qu'il médite, qu'il s'est retiré, qu'il est en voyage ; peut-être qu'il dort et qu'il se réveillera ! »

Après la Bible et le Talmud, c'est surtout dans l'univers hassidique que se sont développées les histoires drôles et moins drôles. Les maîtres hassidiques se firent connaître pour leurs bons mots, *witz* ou *wort,* que les disciples se sont transmis de génération en génération.

Très souvent l'auditeur de ces histoires hésite à les classer dans la rubrique humour ou enseignement hassidique. Peut-être s'agit-il tout simplement d'un enseignement par l'humour : enseignement d'une morale ou critique de tel ou tel comportement.

Rabbi Lévi Itshaq, de Berditchev, voyant un homme avec son châle de prière et ses phylactères en train d'arranger la roue de sa charrette, s'adressa à Dieu et lui dit : « Maître du monde, regarde tes enfants comme ils sont extraordinaires, même lorsqu'ils vaquent à des occupations profanes, ils portent leurs habits de prière ! »

L'enseignement est clair et simple ; il résume toute une philosophie de l'amour du prochain et de la façon toute relative avec laquelle on peut regarder et comprendre le monde. Au lieu de tomber dans le piège facile de la critique qui aurait consisté à invectiver l'homme en lui reprochant de s'occuper de choses profanes pendant la prière, le rabbi renverse la perspective et rend la situation belle et lumineuse : même pendant le temps profane, l'homme reste plongé dans sa relation avec Dieu !

L'humour hassidique s'est spécialisé dans ces renversements de perspective et de formulation que l'on rencontre aussi dans l'humour en général ; ainsi dans une tonalité complètement différente.

Ce couple vit sur un assez grand pied. Au dire des uns, le mari ayant gagné pas mal d'argent, disposerait maintenant d'un joli petit matelas ; selon d'autres, la femme, ayant disposé d'un joli petit matelas, aurait gagné pas mal d'argent. » (Cité dans *Le Mot d'esprit*, de Freud).

Un des aspects importants de l'humour juif concerne la langue dans laquelle sont racontées les histoires.

De très nombreuses blagues juives ont certainement été racontées en yiddish et ont fait le tour des shtetl (petits villages à majorité juive). Rappelons en passant que le yiddish est une langue née en Lotharingie au xe siècle et qui a évolué sur ses propres bases en tant que langue de fusion. C'est-à-dire que des éléments de plusieurs langues vont y être intégrés, comme l'hébreu, le *laaz* de Lotharingie (langue romane hébraïsée), le moyen-haut-allemand, des langues slaves. On peut donner un exemple, que propose Max Weinreich dans *History of the Yiddish Language*. Soit la phrase suivante en yiddish : *« Nokkn bentshn hot der zeyde gekoyfte a seyfer »,* qui signifie : « Après la bénédiction qui suit le repas, le grand-père a acheté un livre religieux ».

Les mots de cette phrase peuvent s'analyser comme suit :
— *Seyfer* vient de l'hébreu,
— *Bentshn* vient du roman,
— *Nokhn, hot, der, gekoyft* viennent de l'allemand,
— *Zeyde* vient du slave.

Le yiddish ne s'est réellement fabriqué et établi qu'à partir de la fin du XVe siècle, lorsque les Juifs émigrèrent en Europe orientale : Pologne, Galicie, Hongrie, Roumanie, Russie. Là, cette langue alerte emprunta de nouvelles locutions, s'adaptant d'elle-même à la rue et au marché. « Pendant très longtemps le yiddish a été associé au sombre Moyen Âge ; les associations sont multiples : passé détesté, jargon, langue sans grammaire et sans règles, jargon répulsif, inesthétique, exil, et les mots pour en rendre compte sont toujours les mêmes : déchets, ordure, saleté, toile d'araignée, guenille, bâtarde, femme illégitime, vieillarde, belle-mère, etc.

A la fin du XIXe siècle il y eut un renversement de cette perspective et l'on commença à considérer le yiddish comme une langue nationale à part entière. En 1908 à Czernowitz, eut lieu une conférence sur les langues, et le yiddish fut adopté commme une des langues nationales du peuple juif » (Régine Robin, « Le yiddish, langue fantasmatique », in *L'Ecrit du temps* n° 5).

Voici ce que Léo Rosten, auteur des *Joies du yiddish*, écrit dans sa préface : « Je pense que le yiddish est une langue d'un charme exceptionnel. Comme un gamin des rues qui a survécu à toutes les adversités, le yiddish est brillant, audacieux, malicieux. Il a montré d'immenses ressources, une infinie souplesse et, par-dessus tout, une formidable détermination à ne pas mourir... Le yiddish se prête à une extraordinaire palette de nuances et de subtilités psychologiques. Baigné de sentiment, le yiddish est arrosé de sarcasme. Il aime la méditation, parce qu'il repose sur un triste passé ; il cultive le paradoxe, parce qu'il sait que seul le paradoxe peut rendre justice de toutes les injustices de la vie ; il adore l'ironie, parce que le seul moyen pour Les juifs de conserver leur santé mentale était de considérer un monde terrible avec des yeux moqueurs et sarcastiques. Dans son for intérieur, le yiddish balance entre le shmaltz (la sentimentalité excessive) et la dérision. »

Toute cette vie de la langue se retrouve dans une grande partie de l'humour juif. Même traduit en français ou en anglais, on entend résonner la musique du yiddish, dans les tournures ou dans ces personnages qui nous font prendre l'accent naturellement quand nous commençons à raconter. Le yiddish est en soi une sorte de parodie, l'accent est parodie de parodie...

Un des joyaux de cet humour m'a été offert par le docteur Hugues Zysman de Besançon, que je remercie ici pour son précieux cadeau :

Un petit garçon et sa petite sœur veulent jouer au papa et à la maman.

— Comment on fait ? demande la petite sœur.

— C'est très simple, répond son grand frère : on va dans la chambre des parents et on s'enferme à clef.

— Et après ? demande la petite sœur.

— Après, on se déshabille !

— Et après ?

— Après, on se met sous les couvertures !

— Et après ?

— Après, on éteint la lumière !

— Et après ? demande la petite sœur.

— Et après ? Eh bien, après, on parle yiddish !...

Cependant, il ne faudrait pas conclure hâtivement de ce qui précède qu'il n'y aurait d'humour juif que yiddishisant. Les Juifs d'Afrique du Nord, Maroc, Algérie, Tunisie, ont développé un humour original qui trouve aussi son fondement dans l'utilisation d'une judéo-langue, que ce soit le judéo-espagnol ou le judéo-arabe. Il existe toute une littérature qui va du conte au proverbe, en passant par la romansa (conte chanté), les konsejas (contes moraux), les pasajes (le vécu), les anecdotes ou les chakas (les blagues).

Pour l'humour des Juifs de langue et de culture espagnoles, les problématiques mises en scène remontent encore souvent jusqu'à la triste période de l'Inquisition, et de nombreux protagonistes des histoires drôles et moins drôles prennent la figure des inquisiteurs et plus tard des curés ou des différents personnages de la hiérarchie ecclésiatique.

Le plus grand représentant de l'humour judéo-espagnol est, à nos yeux, le romancier Albert Cohen, père de Mangeclous, de Solal et de tous ces valeureux qui entraînent dans leur sillage le soleil et les senteurs des petites îles de la Grèce. Il y a chez Albert Cohen des clins d'œil à Rabelais, ce grand humoriste français dont certains chercheurs pensent aujourd'hui que son véritable nom était « Rabbi Letz », ce qui signifie en hébreu « le rabbin comique ».

Je viens de relire quelques chapitres des *Valeureux*, et j'y ai trouvé un humour qui m'a fait penser à Charlie Chaplin et aux Marx Brothers : fantaisie et burlesque, drôlerie et nostalgie...

Ainsi, il est peut-être réducteur d'enfermer un humour dans tel ou tel territoire géographique et culturel, alors que l'humour a peut-être pour fonction essentielle de faire sauter de nombreuses barrières et de permettre de sentir le sens dérisoire d'une identité lorsque qu'elle n'est en fait qu'identification.

Dans l'humour juif d'Afrique du Nord, on retrouve les personnages classiques de l'humour arabe, tel Ch'ha, ou Djoha, qui peut prendre encore d'autres noms, mais qui reste toujours ce faux naïf à qui il arrive milles aventures où se mêlent « le miel et le fiel », selon la belle expression de Haïm Vidal Sephiha.

Ch'ha, ou Jehâ, ou Goha, le plus fou d'entre les fous, le plus sage, le plus rusé, le plus naïf, le plus sot et le plus intelligent, l'unique, le seul menteur qui ne dit que la vérité.

Quelle est la définition du Juif ?

C'est quelqu'un qui, quand on lui raconte une histoire, la connaît toujours sous une forme différente !

Ainsi, ce livre de 500 blagues en contient au moins 1000 !

Elles font, certes, rire aux éclats, ces histoires juives — non celles inventées par les antisémites — mais pas rire pour rire, tout simplement, comme ces bonnes histoires gaillardes et bien portantes qui nous secouent d'hilarité pour rien. De très nombreuses histoires semblent marquées d'un cerne d'ironie à peine perceptible.

On demandait un jour à Isaac Stern pourquoi il avait choisi d'apprendre à jouer du violon. Il répondit qu'en cas de pogrom, c'était plus facile à emporter qu'un piano !

L'humour juif est une confession, une confession publique, une suite de commentaires de ce que sont devenus les Juifs parmi les autres hommes, les archives risibles de la petite histoire des ghettos et des mellahs, de ces petites ruelles sales et obscures ou baignées de soleil de Cracovie ou de Marrakech.

Petite histoire, plus incisive, plus révélatrice que la grande, provoquée par une exigence intérieure, celle de se raconter à soi-même la vieille et longue aventure du Juif dans le monde.

Se satirisant, se « blaguant » sans cesse lui-même, le Juif ne craint pas le trait acide, la brutale franchise, sans pourtant jamais aller jusqu'au cynisme. Au fond de ces critiques lucides, le Juif garde une sorte de pitié pour soi-même et pour cette humanité juive qu'il ridiculise.

Avec à la fois un esprit caustique et une tendre indulgence, ces histoires drôles et parfois moins drôles mettent en scène tous les personnages de la vie juive, de la yiddish mamé aux rabbins miraculeux, des mendiants bouffons aux psychanalystes, de ces futurs beaux-pères en quête de futurs gendres aux chauffeurs d'autobus de Jérusalem, en passant par un des principaux personnages de ces histoires : Dieu en personne !

Dieu et sa fidèle compagne, la religion.

Dieu et ses créatures infidèles qui se révoltent et n'arrêtent pas de poser des questions...

Mais l'humour juif n'est pas qu'une longue complainte !

Il est sorti des petites ruelles juives et se promène maintenant sur les grandes avenues new-yorkaises et les grands boulevards parisiens. Au commencement les histoires juives étaient racontées en yiddish ou en judéo-arabe ou encore en judéo-espagnol ; aujourd'hui, nous sommes la seconde génération de cet humour, et nous racontons ces histoires en français ou en anglais, mais avec l'accent, accent qui est notre mémoire la plus proche et la plus intense. La troisième génération racontera sans accent en précisant avant chaque histoire, comme en sous-titre : « à dire avec l'accent ! » ou inventera un nouvel humour qui sera encore à sa façon le miroir d'un peuple...

Le petit-fils di marchand dé fourrire dé la rie dé Tirenne ne vend plus ni fourrire ni fourrure, mais la nostalgie est une douce tristesse qu'il est possible de transformer en bonnes histoires, clins d'œil complices aux amoureux de la vie...

En tout cas, comme dit Woody Allen : « Si Dieu n'existe pas, j'ai payé ma moquette trop cher ! »

Première partie

Le monde intracommunautaire

1

Dieu, la religion, l'identité, le Messie

La question de l'identité juive est la question fondamentale sur laquelle les Juifs, quelle que soit leur tendance religieuse, reviennent sans cesse. Que veut dire être juif ? Pourquoi être juif ? On se souvient de ce célèbre explorateur qui resta plusieurs années à étudier les coutumes des éléphants d'Afrique équatoriale, et qui revint avec de très nombreux documents et témoignages, films et photos, qu'il publia sous le titre : Les Éléphants et la question juive. *Plus sérieusement, il est intéressant de noter que les Juifs et les non-Juifs, même les antisémites, ne parlent jamais des Juifs simplement, mais toujours sous la forme questionnante, ce qui donne les expressions de la « question juive », ou le « problème juif » Question ou problème, le judaïsme n'est jamais une chose simple ; un Juif est quelqu'un qui se questionne sur le sens de l'être juif ! La question ouvre l'identité à son infini, au temps de la recherche et au cheminement de la pensée.*

« — ...Où vas-tu, maître ?

— Je ne sais pas, dis-je. Je ne veux que partir d'ici, ce n'est qu'ainsi que je pourrai atteindre mon but.

— Donc, tu connais ton but ?

— Oui, répondis-je, ne te l'ai-je pas déjà dit ? Partir d'ici, tel est mon but... » (Franz Kafka.)

Cette infini questionnement se traduit par le concept de Messie, celui qui est infiniment attendu sans désespoir, qui est justement le remède au désespoir. Les blagues sur le Messie soulagent des malheurs et des temps difficiles.

Dieu lui-même devient un héros de cette grande saga burlesque, croyance et foi s'entrechoquent dans l'activité du questionnement et Dieu parfois présent, souvent absent, dans les consciences, est invoqué ou rejeté suivant l'humeur de ses créatures.

Quand je m'absenterai, dit Dieu,
ne cherche pas à me voir
tu ne me trouveras pas.
Mais raconte des histoires
Je suis la flamme secrète du récit
Le noyau de l'énigme

Dieu, la religion, l'identité, le messie

L'âme de la question
La fleur du temps...

n peuple élu, mais ne pour-
tre pour changer un peu ?

voir aucune certitude immé-
e oscillation dialectique qui,
e désespère pourtant jamais.
i-même, ce souci de savoir si
la foi.

n Tov voyait qu'un malheur
vait pour habitude d'aller se
forêt ; là, il allumait un feu,
le s'accomplissait, révoquant

Maguid de Mézeritch, devait
êmes raisons, il se rendait au
même endroit dans la forêt et disait : « Maître de l'univers, prête l'oreille. Je ne sais pas comment allumer le feu, mais je suis encore capable de réciter la prière. » Et le miracle s'accomplissait.

Plus tard, le Rabbi Moché-Leib de Sassov allait lui aussi dans la forêt pour sauver son peuple et disait : « Je ne sais pas comment allumer le feu, je ne connais pas la prière, mais je peux situer l'endroit et cela devrait suffire. » Et cela suffisait encore et le miracle s'accomplissait.

Puis ce fut le tour de Rabbi Israël de Rizhin d'écarter la menace. Assis dans son fauteuil, il prenait sa tête entre les mains et parlait à Dieu : « Je suis incapable d'allumer le feu, je ne connais pas la prière, je ne peux même pas retrouver l'endroit dans la forêt. Tout ce que je sais faire, c'est raconter cette histoire. » Cela suffira-t-il ? Cela suffisait.

Tout ce que nous savons aujourd'hui, c'est que nous ne savons même plus raconter l'histoire, et la seule chose que nous savons faire est le récit de cette impossiblilité... Cela suffirait il encore ?

Dieu a créé l'homme parce qu'Il aime les histoires.

— Noé ! !

— Oui, que veux-Tu ?

— Fais sortir l'un des hippopotames et amènes-en un autre.

— Mais pourquoi ?

— Parce que tu as amené deux mâles et que tu dois amener un mâle et une femelle !

— Non ! Je n'amènerai rien de plus ! Amène-le toi-même !

— Allons, Noé, tu sais bien que je n'aime pas travailler comme ça !

— Oui, mais moi j'en ai marre ! Je suis malade et fatigué. J'en ai ras le bol de ce sale boulot. J'ai travaillé toute la journée et depuis des semaines c'est la même chose. J'ai mal à la tête, je suis malade et fatigué, je n'en peux plus...

— Noé !

— Ouaiaiaiais...

— COMBIEN DE TEMPS PEUX-TU FLOTTER SUR L'EAU ?

Dieu demande à Moïse de désigner la terre promise de son choix. Moïse observe, pèse et soupèse, analyse suivant différents critères, et finit par choisir la Californie. Mais comme chacun sait, Moïse bégayait, aussi sa réponse fut :

— Ca... Ca..

Alors Dieu, rapide à satisfaire Son serviteur :

— Tu veux Canaan, cette terre inculte ! ? D'accord, Momo, puisque tu la veux, tu l'auras !

Un Juif américain très progressiste et complètement athée a décidé de donner une excellente éducation à son fils. Il l'envoie donc à la meilleure école laïque de New York : Trinity School, qui était auparavant une école religieuse.

Au bout de quelques jours, Danny rentre et déclare à son père :

— Papa, ça y est, je sais ce qu'est la trinité : c'est le Père, le Fils et le Saint-Esprit !

Alors son père, atteint au plus profond de ses convictions laïques, entre dans une violente colère :

— Danny ! Rentre-toi bien ça dans la tête ! Nous n'avons qu'un seul Dieu !... Et nous n'y croyons pas ! !

On peut prolonger cette histoire par une réflexion très profonde :

Dieu n'existe pas... et nous sommes son peuple élu ! *(Woody Allen.)*

Et en approfondissant encore un peu :

Si Dieu n'existe pas, j'ai payé ma moquette trop cher ! *(Woody Allen.)*

Trois Juifs récemment convertis font antichambre pour obtenir une audience du pape. Ils discutent de leur conversion.

— Moi, dit le premier, je me suis converti par amour — et, voyant les visages sceptiques des deux autres —, par amour pour une chrétienne, bien sûr, pas par amour du christianisme. Comme vous le savez, c'est elle qui a insisté pour que je me convertisse.

— Moi, dit le second, je me suis converti pour pouvoir gravir les échelons du système. Grâce à cela, je suis maintenant juge fédéral et mon statut s'est grandement amélioré.

— Moi, annonce le troisième, je me suis converti parce que je suis convaincu que les enseignements du christianisme sont supérieurs à ceux du judaïsme.

— Ah ! Ah ! Ah ! s'esclaffent les deux autres. Raconte ça à d'autres, tu nous prends pour des goyim ?

David contemple la vitrine d'un traiteur, et particulièrement le rayon charcuterie, jambon, pâtés et autres. Il est sur le point d'entrer quand retentit un terrible coup de tonnerre. David s'éloigne en courant et, s'adressant au ciel :

— Ben quoi, on peut plus se renseigner ?

C'est un alpiniste seul qui grimpe sur les sommets recouverts de neiges éternelles. Tout à coup, il perd pied, sa corde le retient, elle se déroule, se déroule mais finit par casser. Alors notre alpiniste se rattrape du bout des doigts à une plate-forme glissante de glace, au-dessus d'un gouffre de deux mille mètres. Il tente un moment de se redresser, mais, n'y réussissant pas, il appelle en chuchotant, parce qu'un cri peut provoquer une avalanche :

— Y a quelqu'un ?

Le silence lui répond. Il répète à peine plus fort :

— Y a quelqu'un ?

Alors une voix puissante lui répond :

— Oui, je suis là : Dieu !

L'alpiniste reprend courage et attend la suite avec espoir, ses doigts menaçant de lâcher prise à tout instant. La voix continue :

— Fais-moi confiance, petit, tu peux lâcher cette plate-forme, Je t'envoie deux jolis anges blancs pour te récupérer dans ton vol plané.

L'alpiniste mesure l'étendue de son désespoir mais, ne perdant pas courage dans l'immensité du silence revenu, il ose encore :

— Y a quelqu'un d'autre ?

Un Juif très pieux est en train de dire sa prière de l'après-midi sur un rocher juste à côté de la mer. La prière se prolonge et la mer monte, monte, entoure le rocher et monte encore. Le Juif continue à prier avec ferveur. Passe un bateau. On lui fait des signes, on l'appelle, mais lui, imperturbable, continue à prier. La mer monte toujours et menace maintenant de submerger le rocher. Passe un deuxième bateau. On l'appelle pour le sauver, mais il continue à prier. La mer monte, recouvre les pieds du Juif en prière. Passe un troisième bateau, mais il continue à prier. La mer atteint ses épaules, sa bouche. Il continue obstinément à prier. Puis la mer le recouvre totalement.

Il arrive dans le monde d'en haut et se répand en reproches :

— Comment, mon Dieu, Tu m'as noyé alors que moi, j'étais en train de prier pour Ta gloire ! Tu aurais dû m'épargner !

— Mais, lui répond Dieu, outré, Je t'ai envoyé un premier bateau, et tu n'as pas voulu monter dedans. Je t'ai envoyé un deuxième bateau, tu n'as pas voulu. Je t'en ai envoyé un troisième, et tu oses Me faire des reproches !

Un malheureux jour de tempête, un bateau fit naufrage au large d'une petite île déserte du Pacifique. Un seul homme survécut, un Juif pieux, qui réussit à accoster sur l'île. Il s'organisa une petite vie, observant le Chabbat, les fêtes, respectant les règles de l'alimentation cachère. Dix ans passèrent. Et un autre malheureux jour de tempête, un autre bateau coula au large de la petite île du Pacifique. Une seule personne survécut, une jeune femme poussée par les vagues sur le rivage de l'île. Elle mit quelques heures avant de reprendre connaissance. Le naufragé lui raconta son histoire et elle en fut très émue : seul ! pendant dix longues années ! Elle commença à battre des cils, prit une pose coquette et lui déclara d'un ton langoureux, sûre de sa séduction :

— Je suis venue vous apporter ce qui vous a le plus manqué toutes ces années !

Lui, enthousiaste et ravi :

— Ah ! Vous m'avez apporté des matsot [1] !

Un Juif pleurnicheur et désespéré se tenait en haut d'une falaise, prêt à se laisser tomber pour en finir avec la vie.

— Oh ! mon Dieu ! Pourquoi ne m'as-Tu jamais aidé ? J'ai toujours été ballotté sans aucune chance dans ma vie, aucune chance ! Pourquoi t'es-Tu acharné sur moi ? J'ai été orphelin, je n'avais aucune famille, je n'ai jamais réussi à garder un travail ni une femme, je n'ai pas eu d'enfant, pourquoi ? J'ai perdu une jambe, je... oh...

Il étouffait de pleurs.

Une voix excédée sortit du ciel :

1. Les matsot, c'est le pain azyme que les Juifs préparent et mangent pour la fête de Pâque. Cette histoire est particulièrement savoureuse dans son expression originale en yiddish : « Wouss ? Matsess ? (Quoi ? des matsot ?) »

— En vérité, je te le dis, c'est parce que tellement tu m'énerves !

A la fin d'un bon dîner, Joseph dit à son vieil ami Cordier qui est bossu :

— Mon cher Cordier, voilà vingt ans que nous travaillons ensemble. Je veux vous faire une confidence que j'aurais voulu vous faire plus tôt.

— Quoi donc, mon cher Joseph ?

— Eh bien, Cordier, je suis juif.

— Mon cher Joseph, confidence pour confidence, moi aussi je vais vous dire un secret : je suis bossu.

Gorbatchev est en visite officielle à Washington, dans le bureau ovale de la Maison Blanche. Il remarque sur le bureau un téléphone en or. Intrigué, il se renseigne.

— C'est la ligne directe avec Dieu, lui répond le président américain.

— Puis-je appeler ? demande-t-il alors.

— Faites donc.

Gorbatchev parle pendant une demi-heure avec Dieu. A la fin de sa conversation, il demande combien il doit.

— Cent mille dollars, lui répond-on.

Un peu étonné par cette somme astronomique, il s'exécute pourtant et paye sans discuter. Quelques jours plus tard, il continue sa tournée en passant par Israël et remarque sur le bureau du Premier ministre le même téléphone en or.

— Ah ! C'est la ligne directe avec Dieu ? Puis-je m'en servir ?

— Faites donc.

Gorbatchev parle et parle et parle avec Dieu. Au bout de trois heures, il a terminé et demande combien il doit.

— Cinquante agourot [1], lui répond-on.

— Oh ! Mais j'ai payé infiniment plus cher aux Etats-Unis pour moins de temps !

— C'est normal, ici c'est un appel local !

Rabbi Pinhas de Koretz, un des maîtres du mouvement hassidique, disait : « Les joies sont toutes du paradis ; même une simple plaisanterie, pour peu qu'elle soit dite dans un esprit de joie vraie. »

Chmouel est au chômage depuis plusieurs mois. En désespoir de cause, il se rend chez le rabbin pour lui demander s'il n'aurait pas un travail, même très humble, à lui proposer.

— Je ne vois qu'une possibilité, Chmouel : garde la porte du ghetto en attendant l'arrivée du Messie, ainsi, dès qu'il arrivera, tu préviendras tout le monde.

— Mais, Rabbi, je ne vais pas gagner d'argent en faisant ça.

— Peut-être, Chmouel, mais c'est un boulot stable.

Reb David rencontre Reb Moshé :

— Alors, il paraît que tu te prends pour le Messie en personne ?

— Je ne me prends pas pour le Messie, je suis le Messie !

— Ah bon, et comment le sais-tu, qui te l'a dit ?

— Mais, c'est Dieu qui me l'a dit !

— Quoi ? Moi ? Mais je ne t'ai rien dit !

1. Environ un franc.

Un étudiant demandait un jour à son rabbin, réformé, si d'après lui le Messie serait orthodoxe, conservateur ou libéral. Le rabbin réfléchit une demi-seconde puis répondit :

— Il sera orthodoxe, comme ça tout le monde pourra manger chez lui.

Bellassen va voir son rabbin.

— J'ai péché, je veux savoir que faire pour me repentir.

— Quel péché avez-vous commis ? demande le rabbin.

— Ça m'est arrivé une seule fois, je ne me suis pas lavé les mains et je n'ai pas dit la bénédiction avant de manger du pain.

— Oh, si cela ne vous est arrivé qu'une fois, ce n'est pas si terrible. Mais dites-moi donc, pourquoi avez-vous négligé de vous laver les mains et de dire la bénédiction ?

— J'étais gêné, vous comprenez, c'était dans un restaurant pas cachère.

— Hmm ! Et pourquoi mangiez-vous dans un restaurant pas cachère ?

— Je n'avais pas le choix, tous les restaurants cachères étaient fermés.

— Hmm ! Hmm ! Et pourquoi étaient-ils fermés, les restaurants cachères ?

— Parce que c'était le jour de Kippour[1] !

Trois Juifs d'un petit village d'Algérie vont à Alger pour affaires. Là, ils mangent des nourritures interdites et couchent

1. Yom Kippour est un jour de jeûne chez les Juifs, où il est interdit de consommer tout aliment ainsi que toute boisson pendant vingt-cinq heures.

avec des prostituées. Ils sont dénoncés au rabbin de leur village qui leur inflige une pénitence : pendant huit jours, ils doivent marcher avec des pois chiches dans les chaussures.

Un peu plus tard, ils se rencontrent dans la rue. Deux d'entre eux marchent très péniblement, le troisième ne montre aucun signe de gêne.

— Tu n'as donc rien dans tes chaussures ?

— Mais si, répond-il, seulement au bout d'une demi-heure j'ai fait cuire les pois chiches !

2

Le Chabbat

Le Chabbat est l'un des fondements essentiels du judaïsme. C'est un jour sanctifié et chômé. Le Chabbat est le septième jour de la Création relatée dans la Bible hébraïque, c'est le jour où le repos est créé. Le mot chabbat *signifie en hébreu « cesser toute activité créatrice ». C'est un jour de repos pour toute la maison juive, le maître comme l'esclave, l'animal et l'étranger. Le commandement d'observance du Chabbat constitue le cinquième commandement du Décalogue, où il est rappelé que c'est en souvenir de la sortie d'Egypte que les Juifs se doivent d'observer ce jour.*

Mme Lebrun passe en voiture devant la vitrine d'un brocanteur. Elle aperçoit un joli secrétaire, exactement celui qu'elle cherche depuis longtemps. Mais elle est pressée, alors elle note mentalement l'adresse et se promet de revenir dès le lendemain. Le jour suivant, elle se trouve devant une boutique fermée. Elle se renseigne à côté :

— Est-ce que le brocanteur a fermé sa boutique ?

— Non, pas du tout, mais c'est aujourd'hui samedi, et M. Benisti ne travaille pas. Il est certainement à la synagogue ou chez lui.

Mme Lebrun s'informe sur l'adresse du brocanteur et va le trouver. Il est sur le point de partir. Mme Lebrun lui expose l'objet de sa visite.

— Je suis désolé, madame, mais ma religion m'interdit de commercer et de toucher à l'argent le samedi.

— Quand puis-je venir alors ?

— Ce soir, dès 6 heures.

Mme Lebrun s'en va dès qu'ils sont tombés d'accord sur le prix. Mais à peine s'est-elle éloignée, que M. Benisti l'appelle :

— Madame ! Madame ! Pourriez-vous me laisser des arrhes ?

Le Chabbat

Le Chabbat des Chabbat, c'est Kippour. C'est le jour le plus grave de l'année juive. Eh bien, c'est par un jour de Kippour que le jeune rabbin Sanders, passionné de golf, ne résista pas à l'envie brûlante d'aller faire quelques trous. Il profita d'une pause pendant les prières, rentra chez lui, prit en vitesse son sac et se rendit à un club assez loin de chez lui pour que personne ne le reconnaisse. Est-ce un miracle ? Il n'y a strictement personne sur le terrain. Il a bien quelques remords mais, c'est plus fort que lui, et puis, maintenant qu'il est là, ce n'est plus le moment de reculer, n'est-ce pas ?

Là-haut, dans le ciel, on s'agite. Satan attire l'attention du Seigneur :

— Regarde, Seigneur, comment cet effronté transgresse le jour le plus saint de l'année, le jour qui T'est entièrement consacré !

— Attends, répond sévèrement Dieu, tu vas voir comment il sera puni.

Satan se régale à l'avance.

Pendant ce temps, Sanders place sa première balle. Miracle ! Du premier coup, elle tombe dans le trou ! Seconde balle : même exploit. Tout le parcours se fait ainsi : c'est un magistral sans faute ! Sanders rayonne : c'est le plus beau parcours de toute sa vie, dommage que personne ne soit là pour l'admirer. Satan s'insurge :

— Comment, Tout-Puissant, c'est là sa punition ?

— Mais oui ! Devant qui crois-tu qu'il pourra se vanter de son exploit ?

3

La synagogue, prières et bedeaux

La synagogue se nomme en hébreu beit-haknesset, *ce qui signifie littéralement « la maison de la rencontre ». Ainsi, contrairement à un préjugé venant de la vision que nous pouvons avoir des lieux de culte, la synagogue ressemble souvent plus à un club de rencontre ou à une salle de marché financier... Il est de coutume aussi après l'office de se réunir autour d'un petit apéritif ou* quiddouch, *pendant lequel le rabbin prend la parole pour commenter tel ou tel texte sacré. Lieu de rencontre et lieu d'étude, la synagogue sert aussi de lieu de prière...*

Ce n'est pas le bâtiment synagogal qui constitue la synagogue, mais la réunion de dix personnes. On comprend de ce fait pourquoi la synagogue est un lieu privilégié pour situer le décor de l'humour juif : lieu de rencontre et lieu de récit...

Les personnages centraux de la synagogue sont le rabbin et le chamach, *ou bedeau, homme qui habite souvent à la synagogue même et s'occupe à la fois de l'entretien et du bon déroulement des offices. La littérature populaire le présente toujours comme un personnage folklorique et très attachant...*

M. Worms, d'Europe de l'Est, se présente à la synagogue de Bar-sur-Marne pour le poste de chamach. Le conseil d'administration est tout à fait favorable, mais au moment de signer le contrat, on s'aperçoit avec consternation que ce monsieur ne sait pas écrire. Ils ne peuvent pas embaucher un illettré.

Worms commence alors à faire de la vente à domicile. Ça marche bien. Il achète ensuite une voiture. Ça marche encore mieux. Il ouvre un magasin, puis deux. Il veut en ouvrir d'autres, mais pour cela il doit demander un prêt à sa banque.

Le directeur de la banque ne demande pas mieux que de prêter à un client si solvable. Il donne les documents à parapher à Worms. Celui-ci signe d'une croix. Le directeur n'en croit pas ses yeux :

— Vous ne savez pas écrire ?
— Comme vous voyez.
— Et malgré cela, vous avez réussi à monter une si belle affaire ! Vous vous rendez compte de que vous seriez devenu si vous saviez écrire !
— Si j'avais su écrire ? Je serais le chamach de la synagogue de Bar-sur-Marne !

Un capitaine de bateau retrouve sur une île perdue au fin fond du Pacifique un naufragé échoué là depuis cinq ans. Horwitz-Robinson Crusoé rend hommage au capitaine en lui faisant la visite guidée de l'île : il a construit de ses propres mains une maison et deux synagogues, une en bas et une autre en haut d'une colline. Le capitaine s'étonne :
— Mais pourquoi avez-vous construit deux synagogues ?
— C'est très simple ! Celle-ci, c'est celle où je vais, et celle-là en haut, celle où je ne mets jamais les pieds !

Deux fidèles discutent à la synagogue :
— Vraiment, notre h'azan [1] est extraordinaire, affirme l'un.
— Pff ! dénigre l'autre. Si j'avais sa voix, je chanterais tout aussi bien !

Un étranger dans la ville est à la recherche de Greenberg, le président de la synagogue.
— Quel Greenberg cherchez-vous ? Ah ! ce Greenberg ! Celui qui a eu une histoire louche avec la secrétaire, celui qui parle

1. Chantre.

toujours tout seul ! Vous le trouverez dans la maison juste à côté de la synagogue, au centre ville.

L'étranger se rend au centre ville et continue à chercher.

— Greenberg, vous dites ? Oui, il ne paie jamais ses dettes, et je peux vous dire qu'il en a ! Si je peux vous donner un conseil d'ami, c'est de ne jamais jouer aux cartes avec lui, il triche, en plus ! Vous le trouverez un peu plus bas.

L'étranger arrive dans la bonne rue et demande à une dame où trouver ce fameux Greenberg.

— Greenberg ! Il habite dans la dernière maison de cette rue. Il maltraite sa femme, je l'entends crier et pleurer jusqu'ici. Vous verrez, la maison a besoin d'un sérieux coup de peinture.

L'étranger finit par trouver Greenberg. Il est curieux :

— Dites-moi, pourquoi êtes-vous président de la synagogue ? Qu'est-ce que cela vous apporte ?

— Ça ne m'apporte pas beaucoup, avoue Greenberg, mais vous savez, on a tous besoin d'un peu de kavod [1].

Deux Juifs prient côte à côte à la synagogue. Si l'on s'approche un peu, on peut entendre l'un des deux :

— Seigneur, Maître du Monde, Créateur de l'Univers, Toi à qui tout appartient, je T'en prie, je T'en supplie, accorde-moi de faire cette année un million de bénéfices. Qu'est-ce que c'est pour Toi un million ? Une goutte d'eau dans la mer ? Un grain de sable dans le désert ? Une étoile de plus dans le ciel, Dieu, je T'en prie !

Mais la voix de l'autre murmure obstinément à côté de lui :

— Mon Dieu, je T'en supplie, fais-moi cadeau de... cinq francs... pour m'acheter un sandwich. Tu sais combien je Te suis fidèle, je prie chaque jour trois fois, je T'en prie, mon Dieu, cinq francs seulement !

---

1. Considération.

Alors son voisin se tourne, sort une pièce de sa poche et la lui donne :

— Tiens, les voilà, tes cinq francs, va t'acheter ton sandwich et tais-toi, laisse le bon Dieu s'occuper des choses sérieuses !

Le vieux Isaac harcèle Dieu à la synagogue :

— Seigneur, qu'est-ce que c'est pour Toi mille ans ? C'est une minute !

— Seigneur, qu'est-ce que c'est pour Toi un million de francs ? C'est un centime !

— Seigneur, fais-moi cadeau d'un centime !

Une voix lui répond :

— Attends une minute !

Gary Allouche, homme d'affaires prospère et observant la pratique religieuse, est en voyage à Tokyo un vendredi. Il s'enquiert de la synagogue, la trouve et y entre. Tous les fidèles ont commencé la prière. Ils sont tous japonais ! Yeux bridés et peau mate, même le rabbin ! A la fin de l'office, le rabbin s'approche de lui :

— C'est un grand honneur pour nous d'accueillir un visiteur étranger. Vous êtes touriste ici ?

— Je suis en voyage d'affaires.

— Ah ! Mais, excusez mon impolitesse, vous êtes juif ?

— Oui, tout à fait.

— C'est vraiment étonnant, vous n'avez pas le type !

Un jour de Roch Hachana[1], un homme se précipite à la synagogue en bousculant le chamach.

1. Le nouvel an juif.

— Eh ! Votre ticket ! crie le bedeau. (Les jours de fête, comme il y a plus de monde, les synagogues délivrent des tickets payants à ceux qui réservent leur place. Les autres ont peu de chance de trouver une chaise.)

— Oh ! Je n'ai pas de ticket, mais je dois absolument voir Moché Cohen, je ressors aussitôt.

— Il est interdit d'entrer sans ticket ! réplique le chamach catégoriquement.

— C'est urgentissime, je vous dis ! Je ressors immédiatement !

— OK ! Allez-y, dit le bedeau, cédant dans un soupir... Mais que je ne vous prenne surtout pas à prier !

Le chamach de la synagogue n'en peut plus : le mariage est terminé depuis deux heures et les invités sont encore là dans le hall, ils bavardent et ne se décident pas à partir. En désespoir de cause, il téléphone au rabbin.

— Que faire, ils ne veulent pas partir ?

— Criez : au feu !

— Je l'ai fait, ils ne sont pas partis.

— Criez : au voleur !

— Je l'ai fait aussi, ça n'a pas marché.

— Alors j'ai une meilleure idée : faites la quête.

Au cours d'une réunion très sérieuse entre Itshaq Rabin et Bill Clinton, ce dernier se penche tout à coup vers son interlocuteur israélien et lui demande en aparté :

— Dites-moi, Rabin, entre nous, comment se fait-il que vous les Juifs soyez toujours au courant de tout avant tout le monde, ce qui fait que vous réussissez toujours mieux dans les affaires ?

Rabin réfléchit quelques instants puis répond :

— Je vais vous le dire : quand les Juifs se rendent à la synagogue, le jour du Chabbat, c'est pour prier, oui, mais aussi et surtout, pour se rencontrer et faire leurs affaires. Tout se passe à la synagogue, croyez-moi.

Clinton décide immédiatement de se rendre incognito à la synagogue dès le prochain Chabbat. Déguisé en Juif, fausse barbe, chemise blanche, costume, kippa et chapeau, il se rend le vendredi soir dans une des nombreuses synagogues de la grande ville. Le silence religieux qui y règne le surprend, mais il patiente. Au milieu de l'office, les fidèles ne semblent pas plus animés qu'à son début. Le président se penche alors vers son voisin et lui chuchote :

— Quelles sont les dernières nouvelles ?

Le voisin :

— Chhhhh ! Il paraît que Bill Clinton va bientôt arriver !

M. Taïeb, grand industriel richissime, a décidé cette année d'être présent à la synagogue pendant toute la journée de Kippour. Il appelle son fondé de pouvoir et le sermonne :

— Demain, monsieur Vallon, il ne faut me déranger sous aucun prétexte, même s'il y a un krach boursier, un tremblement de terre, une déclaration de guerre. Je serai à la synagogue toute la journée. Bien sûr, s'il arrive quelque chose à l'un de mes proches, vous pouvez venir me le dire, mais rien d'autre !

— Bien, monsieur le directeur, je ne vous dérangerai pas demain.

M. Taïeb est à la synagogue depuis le matin très tôt, il prie avec une ferveur telle qu'il n'en a pas connu depuis longtemps.

Vers la fin du jeûne, il aperçoit M. Vallon à la porte, qui lui fait de grands signes, qui l'appelle, qui doit lui dire quelque chose d'urgent. Profondément agacé, M. Taïeb sort de la synagogue.

— Monsieur Vallon, je vous avais pourtant bien demandé de ne me déranger sous aucun prétexte. Est-il arrivé quelque chose à un membre de ma famille, Dieu préserve ?

— Non, non, monsieur Taïeb, ce n'est pas votre famille. Je ne voulais pas vous déranger, mais j'ai eu une proposition à 1550 francs, sur 100 000 titres de votre compagnie pétrolière, ce qui est très avantageux, et je n'ai pas voulu prendre une décision de cette importance sans vous demander votre avis.

M. Taïeb rentre dans une grande colère.

— Vallon, vous êtes renvoyé ! Oui, vous êtes renvoyé, et pour deux raisons ! D'abord pour insubordination, parce que je vous avais bien répété de ne pas venir me déranger et vous êtes quand même venu ; et ensuite pour incompétence : en effet, les titres avantageux que vous voulez vendre à 1550 francs se négociaient *ici* à 1710 francs déjà en début d'après-midi !

Touitou a emmené ce Chabbat matin un ami non juif à la synagogue. Pour monter à la Torah pendant la lecture, Touitou offre deux cents francs. Aussitôt, son ami lance à voix haute :

— Trois cents !

— Eh ! Tu es devenu fou ?

— Mon vieux, si tu proposes deux cent francs pour une affaire, je peux bien investir trois cents francs !

4

Les rabbins, les rabbis et leurs disciples

Le rabbin ou en hébreu Rav ou Rabbi, ou encor Rèbbè en yiddish, est une des figures centrale de la vie juive et de ce fait de l'humour juif. Il existe différents types de rabbins, selon leur appartenance à tel ou tel courant du judaïsme : rabbins libéraux, rabbins orthodoxes, rabbins conservateurs, et même des femmes rabbins. Mais quelles que soient leurs options religieuses, ils sont tous issus, aujourd'hui, d'une école rabbinique ou séminaire dans lequel ils ont été formés à ce qui est en fait un dur métier. Que fait donc le rabbin ? Il est le moteur de sa communauté. Il conduit le cérémonial des naissances, bar-mitsva, mariages, décès. Il étudie pour lui-même, interprète la doctrine du judaïsme, est responsable de l'enseignement religieux dans l'école de sa synagogue, où il organise des cours les samedi, dimanche matin et mercredi matin en fonction des congés des enfants. Cette école s'appelle le Talmud-Torah. Le rabbin prêche et fait des sermons. Il dispense réconfort et consolation. Il visite les malades dans les hôpitaux, et les personnes âgées pour les sortir un peu de leur solitude. Il conseille les familles, aide à prendre des décisions dans des domaines allant du scolaire au conjugal. Il est une oreille pour ceux qui souffrent ou qui ont besoin d'exprimer leur problèmes. Le rabbin cumule ainsi les fonctions de ministre du culte, de conférencier, de conseiller, d'assistant social, et de psychologue. Le rabbin es aussi le représentant de la communauté juive auprès des institutions non juives.

Ainsi ce rabbin anglais convoqué par la reine le soir du Seder de Pessah (le festin de Pâque). Il doit lui être remis le titre de chevalier en présence d'autre personnes recevant la même promotion. Chacun se doit de prononcer une phrase consacrée avant de recevoir son nouveau titre. Arrive le tour du rabbin qui en esprit se trouve avec toute sa famille en train de célébrer le repas du Seder. Il a oublié la phrase, bafouille, bredouille, et comme un réflexe lui sort la phrase clef que l'on prononce le soir de Pâque : « Ma nichtana halaïla hazé mikol halêïlot ? » qui signifie « Pourquoi cette nuit est-elle différente des autres nuits ? », et la reine ne comprenant rien se tourne vers son ministre et lui dit : « Why this knight is different of the other knights ? »

Dans un petit shtetl, la domestique polonaise de Mme Rotenberg est enceinte. Sa maîtresse lui demande de qui.

— C'est du rabbi, maîtresse.

— Comment ! Du rabbi ! Vous êtes folle !

— Non, non, je vous assure que c'est du rabbi !

Le lendemain, tout le shtetl est au courant du scandale. Le rabbi convoque la domestique :

— Tu dis que je suis le père du bébé que tu portes.

— Oui, rabbi.

— Mais ce n'est pas possible, je ne te connais pas, je ne t'ai jamais vue !

— Mais ma maîtresse est stérile et elle est venue vous voir il y a quelques semaines. Vous lui avez donné une bouteille avec une potion dedans pour la guérir. J'en ai bu par erreur et j'ai été enceinte.

— Il ne suffit pas de boire la potion pour être enceinte, il faut aussi un homme, tu comprends ?

— Oh oui, mais les hommes, c'est pas ça qui manque ici !

Rabbi Mikhal, un des maîtres du mouvement hassidique, arriva un jour dans une ville où il n'était jamais venu. Les notables de la ville vinrent lui souhaiter la bienvenue. Et lui, regardait longuement leurs fronts et révélait aussitôt ce qu'il fallait faire pour réparer les dégâts de leurs vies. Sa réputation fut vite faite : il savait lire sur le front et découvrir le caractère des gens. Aussi les visiteurs commencèrent-ils à arriver avec un chapeau enfoncé jusqu'au nez.

— Quelle erreur que la vôtre ! s'exclama Rabbi Mikhal. Un regard qui voit sous la chair peut à plus forte raison traverser le chapeau !

Rabbi Zeev Wolf de Zbaraj vit un jour son épouse accuser la bonne d'avoir cassé de la vaisselle précieuse et exiger d'elle le remplacement. La servante protestait de son innocence, et elles se querellaient, jusqu'à ce que la femme du rabbi décide de porter le cas devant le tribunal rabbinique. Elle s'habillait lorsqu'elle s'aperçut que son mari faisait de même :

— Pourquoi donc t'habilles-tu ? s'étonna-t-elle.

— C'est que j'ai l'intention d'y aller aussi, répondit le rabbi.

— Ce n'est pas la peine, je n'ai vraiment pas besoin de toi, ne perds pas ton temps pour cela, je sais parfaitement ce que j'ai à dire au tribunal, protesta la femme du rabbi.

— Oh, je suis sûr que toi tu sais, mais ta servante, elle, ne sait pas, et donc je vais pour prendre sa défense, car qui d'autre pourrait le faire ?

Cette histoire se passe au XIXe siècle dans un shtetl russe, durant un hiver très froid, si froid, si froid, que les pauvres souffraient encore plus qu'à l'ordinaire. Le rabbi choisit l'un des jours les plus froids pour solliciter le seul Juif riche de la ville, un homme réputé pour son avarice. Il frappa à la porte, et l'homme vint ouvrir lui-même. C'était assurément le seul homme du village à ne porter qu'une chemise chez lui, tant sa maison était bien chauffée.

— Entrez donc, rabbi, il fait chaud dedans.

— Non, non, ce n'est pas la peine, je n'en ai que pour une minute.

Et le rabbi engagea avec l'homme une longue conversation, lui demandant des nouvelles de chaque membre de sa famille. L'homme claquait des dents, la porte toujours ouverte, priant sans cesse le rabbi d'entrer, mais le rabbi persistait dans son refus.

— Et le cousin de votre beau-frère, qui est parti à la ville, comment va-t-il ? continuait à demander le rabbi.

L'homme était bleu de froid.

— Au fait, rabbi, pourquoi êtes-vous venu me voir ? finit-il par demander.

— Je suis venu vous demander de l'argent afin d'acheter du charbon pour les pauvres du village.

— Eh bien, pourquoi n'entreriez-vous pas, que nous en parlions bien au chaud à l'intérieur ?

— Parce que, si j'entre chez vous, nous nous assiérons à côté de votre cheminée, nous aurons chaud, et quand je vous expliquerai que les pauvres souffrent du froid, vous ne comprendrez pas. Vous me donnerez cinq roubles, ou même dix. Mais comme cela, dehors, alors que vous sentez le froid depuis tout à l'heure, si je vous dis que les pauvres souffrent du froid, je pense que vous comprendrez mieux, pas vrai ?

L'homme fut heureux de donner cent roubles au rabbi, ne serait-ce que pour pouvoir fermer sa porte et retourner s'asseoir à côté de sa chère cheminée.

Un rabbi et son disciple en voyage ont dormi dans la même chambre d'auberge. Le disciple se fait réveiller très tôt le matin pour prendre le train. Il s'habille rapidement dans le noir. Arrivé à la gare, il s'aperçoit qu'il porte les habits de son maître.

— Quel imbécile, cet aubergiste, au lieu de me réveiller il a réveillé le rabbi !

Un pauvre Juif vient demander conseil et aide à son rabbin :

— Je n'en peux plus, nous sommes, moi, ma femme, sa mère et nos six enfants, dans une seule pièce minuscule, on n'a qu'une petite chèvre, on est tous les uns sur les autres, on s'énerve, on devient méchants entre nous, c'est insupportable, rabbi, que faire ?

— Prends ta chèvre avec toi dans la pièce et reviens dans un mois.

— Comment, rabbi, mais c'est déjà tout petit !

— Prends ta chèvre.

Le pauvre homme ne peut se dérober à ce conseil qu'il est venu chercher lui-même. Un mois après, il revient voir son rabbin :

— Rabbi, c'est encore pire qu'avant, et en plus maintenant ça sent mauvais parce qu'elle fait partout !

— Continue comme ça, et reviens dans un mois.

Le mois se passe. L'homme, désespéré, revient.

— Je me suicide, rabbi, c'est l'enfer sur terre !

— Mets la chèvre dehors.

Le pauvre homme se précipite. Le lendemain, radieux, il revient chez son rabbin :

— Rabbi, vous êtes un ange et j'habite au paradis ! Ma maison n'a jamais été aussi grande !

Deux rabbins sont très amis et partagent une passion commune : le football. Un jour, ils prêtent serment l'un à l'autre. Le premier qui mourra devra apparaître à l'autre pour lui révéler si on joue au foot dans le monde futur.

L'un des deux meurt, il tient sa promesse de se manifester en rêve à son ami :

— Alors, quelles nouvelles de là-bas ?

— J'ai deux nouvelles pour toi, une bonne et une mauvaise. La bonne c'est qu'on joue au foot ici, il y a des super-terrains. La mauvaise, c'est que tu joues la semaine prochaine.

Deux étudiants de yechiva[1] discutent de la vie et de la mort, et l'un d'eux énonce cette conclusion :

1. École juive élémentaire. Voir page 70.

— En fin de compte, je pense que la mort n'est pas un malheur, parce qu'on a tant de soucis sur terre qu'il vaut mieux ne pas être né.

— Tout à fait d'accord, aquiesce l'autre, mais combien d'hommes ont eu cette chance ?

Un homme qui avait beaucoup péché dans sa vie vint trouver un jour Rabbi Naphtali pour savoir comment faire pénitence. Seulement, il avait trop honte pour s'accuser lui-même de tous ses péchés. Il imagina donc de raconter qu'il venait pour un ami qui n'osait pas se montrer. Rabbi Naphtali, devant cet homme qui respirait la ruse, se mit à sourire et soupira :

— Quel sot, ton ami ! Il aurait bien pu venir lui-même et me raconter qu'il venait pour un autre qui avait honte !

Dans une petite synagogue de banlieue, on cherche un rabbin. Un mois, deux mois, trois, personne ne se présente. Un an, deux ans. La troisième année, un jeune rabbin japonais pose sa candidature. Il est pris à l'essai pour six mois. Il est extraordinaire et pourtant, au bout des six mois, on lui annonce qu'il ne pourra pas rester. Il proteste :

— Je ne mène pas bien les offices du Chabbat ?

— Oh si, vous faites très bien les offices, lui répond-on.

— Je ne mène pas bien les offices des fêtes ?

— Oh, vous les menez parfaitement bien.

— Je ne lis pas bien dans la Torah ?

— Oh si, vous lisez sans fautes.

— Je ne sais pas bien faire les sermons ?

— Oh si, vos sermons sont très appréciés.

— Je ne m'occupe pas bien des jeunes ?

— Oh si, vous vous occupez d'eux exactement comme il faut.

— Je ne m'occupe pas bien des personnes âgées ?

— Si, si, vous vous occupez bien d'eux aussi.

— Alors, où est le problème ?

— Monsieur le rabbin, vous faites tout très bien, vraiment, mais...

— Qu'est-ce qui ne va pas ?

— Chaque fois que vous montez à la Torah, vous faites un geste bizarre des deux mains en criant : « Waïtong ! »

Un congrès rabbinique se tient à Bruxelles, dans les salons du Hilton. Tous les employés sont sur le pied de guerre. Tous les grands rabbins d'Europe et d'Amérique sont présents. Une haie d'honneur les accueille à leur arrivée. Les rabbins ont l'air prospère : ventres rabbiniques bien ronds, chaussures vernies, costumes flambant neufs et cigares à la bouche. L'un des grooms, d'origine africaine, repère un rabbin dans le groupe : il a l'air particulièrement imposant, très élégant, longue barbe blanche, gestes nobles, lents et précis, visage serein, stature respectable. Dans l'espoir d'un gros pourboire, il décide de s'attacher à ses pas jusqu'à la fin du congrès qui durera une semaine. Il prend d'emblée ses bagages et les porte à sa chambre. Le rabbin le remercie chaleureusement. Le groom prévient ses moindres désirs, lui évite le moindre effort. Chaque fois, le rabbin le remercie avec effusion :

— Vraiment, Jack, je vous félicite, je vais parler de vous à la direction, pour témoigner combien vous êtes prévenant, gentil et efficace.

Mais, au bout du premier jour, Jack n'a pas reçu le pourboire escompté.

Le deuxième jour, il redouble de gentillesse, il ne quitte pas le rabbin d'une semelle, il lui donne presque à manger pour lui éviter de porter la fourchette à la bouche. Mais, au bout du second jour, Jack n'a toujours pas reçu de pourboire.

Le troisième et le quatrième jour passent. Toujours rien. Le cinquième, le sixième, rien. Le septième, c'est la fin. Jack est désespéré : tous ces efforts monstrueux pour rien ! Le rabbin sort de l'hôtel pendant que Jack case tant bien que mal sa montagne de valises dans le coffre d'un taxi :

— Jack, chaque fois que je passerai par Bruxelles, je vous demanderai tout particulièrement, vous êtes un domestique comme on n'en fait plus, permettez-moi de vous le dire. J'ai parlé de vous au directeur de l'hôtel, je l'ai félicité pour votre travail remarquable. Je ne vous oublierai pas, croyez-moi.

Il serre la main de Jack et s'engouffre dans le taxi qui va le conduire à l'aéroport. La voiture démarre. Jack, harassé, amèrement déçu, au bord de l'effondrement, se jette à terre. Tout à coup, le taxi recule et s'arrête à sa hauteur en manquant de l'écraser. Le rabbin sort, lui met dix mille francs dans la main et s'en va. Alors Jack, avant de s'évanouir :

— C'est pas v'ai ! Les Juifs, i'zont pas tué Jésus ! Il... est mo' d'angoisse !

C'est un jour de Kippour à la synagogue. Tous les fidèles prient, mais, dominant toutes les voix, le grand rabbin est déchiré : il se jette par terre en criant et pleurant :

— Je ne suis rien, mon Dieu, devant Toi, vraiment rien, moins que la poussière de la terre !

Les fidèles le contemplent avec admiration. A ses côtés, le rabbin de la synagogue se jette aussi par terre en pleurant de désespoir :

— Dieu, que suis-je devant Toi ? Rien, un souffle, un grain de sable perdu dans l'univers !

Les fidèles sont fiers des démonstrations de leurs rabbins. Le h'azan de la synagogue se joint à eux et se jette par terre en pleurant :

— Mon Dieu, je ne suis rien, rien qu'un misérable ver de terre !

Le grand rabbin et le rabbin se retournent et le regardent avec mépris :

— Pour qui se prend-il, celui-là, pour dire qu'il n'est rien ?

❧

Un coiffeur italien fait une coupe à un client, et il apprend que ce client est pasteur. Au moment de payer, le coiffeur proteste :

— Mon révérend père, je ne suis pas protestant, mais j'ai un grand respect pour tous les hommes de religion, et je refuse que vous payiez.

Le pasteur, très touché, part et revient une heure plus tard avec une très belle édition du Nouveau Testament.

Quelque temps plus tard, un curé vient faire rafraîchir sa coupe. Au moment de payer, le coiffeur refuse :

— Mon père, je suis moi-même catholique, je ne veux pas vous prendre d'argent.

Très touché, le curé remercie, part et revient une heure après avec un très beau crucifix.

Quelque temps plus tard, c'est un rabbin qui vient se faire couper les cheveux. Au moment de payer, le coiffeur refuse :

— Je ne suis pas juif, monsieur le rabbin, mais je respecte profondément tout homme de religion, et je ne veux pas vous prendre d'argent.

Le rabbin est très touché, il remercie, part et revient une heure plus tard avec... un deuxième rabbin !

❧

Rabbi Joseph Kahaneman fut le fondateur de la yechiva ultra-orthodoxe de Poniowitch à Bné-Braq. Il voyagea beaucoup et construisit de nombreuses écoles.

A l'occasion de l'un de ses voyages, il entendit parler d'un Juif extrêmement riche, mais aussi extrêmement anti-orthodoxe. Il demanda à le voir malgré tout, et l'homme se montra aussi hostile que prévu à l'orthodoxie. Kahaneman insista tant et plus, si bien que l'autre lui fit une offre :

— Je vous donnerai tout l'argent que nécessitera la construction d'une école juive élémentaire, à une condition : qu'il y ait l'interdiction formelle pour tous les élèves de porter la kippa, même pour étudier la Torah ou pour faire une bénédiction avant de manger.

— Si j'accepte cette condition, vous vous engagerez à fournir tout l'argent nécessaire ? réagit le rabbi.

— Je serai heureux de construire ce style d'école juive, répondit l'homme en riant.

Un an plus tard, l'homme fut invité à l'inauguration de l'école. Au-dessus de la porte d'entrée du beau bâtiment neuf, on pouvait lire : « Nouvelle école pour filles de Bné-Braq ».

Trois élèves de différentes yechivot [1] se rencontrent. Que font-ils ? Ils parlent bien sûr de leurs ravs, chacun essayant de surpasser les autres par des récits de sagesse, de gloire, de finesse, de générosité...

— Mon rabbi, dit le premier, si on prend un tome de la Guemara et qu'on plante une aiguille au hasard sur la première page, il peut énoncer sans se tromper tous les mots traversés par l'aiguille, sur plusieurs pages.

— Mon rabbi fait mieux, rétorque le second. Si on plante une aiguille au hasard sur la dernière page d'un tome de la Guemara, il peut énoncer tous les mots traversés par l'aiguille sans se tromper.

1. Pluriel de yechiva.

— Ce n'est rien, tout ça, s'exclame le troisième étudiant, mon rabbi à moi prend ses repas avec Dieu !

— S'il t'a raconté cela, ton maître est un menteur, protestent ses deux compagnons.

— Si mon maître était menteur, Dieu ne partagerait pas ses repas avec lui !

C'est un nouveau rabbin qui vient d'arriver dans une communauté plutôt traditionaliste. Il discute avec le président de la communauté du sujet de son premier sermon.

— Je voudrais leur parler de l'observance du Chabbat, de la nécessité pour les Juifs de le pratiquer vraiment, sans faire leurs courses et sans toucher à l'argent.

— Vous n'y pensez pas ! Chabbat est le seul jour de la semaine où ils ont un peu de temps pour faire leurs achats. Vous ne pouvez pas leur parler de l'observance du Chabbat !... Pouvez-vous parler d'autre chose ?

— Je pourrais parler de la cacherout [1].

— Vous n'y pensez pas ! Vous ne vous rendez pas compte comme c'est difficile pour les gens de se procurer de la nourriture cachère ! Combien la viande cachère est chère ! Et puis les deux vaisselles !... Pourriez-vous parler d'autre chose ?

— Ou... oui, je pourrais parler de l'éducation juive, la nécessité d'envoyer les enfants dans...

— Etes-vous fou, monsieur le rabbin ? Les gens ici ne veulent pas se différencier de leurs voisins. Pas de ségrégation. Et puis, l'école juive ne laisse pas le temps aux enfants de faire autre chose, comme de la musique, de la danse, du basket, du karaté...

— Je ne comprends pas, s'emporte le rabbin. Si je ne peux parler ni de Chabbat, ni de cacherout, ni d'éducation juive, de quoi voulez-vous que je parle ?

— Eh bien, parlez-nous de judaïsme !

1. Lois alimentaires juives.

Un juif se présente un jour chez Rabbi Ouriel et demande à lui parler. Dès qu'il se trouve en présence du rabbi, il parle sans s'arrêter une seconde. A un moment, il déclare :

— J'ai entendu un jour le rabbi Ephraïm...

— Mensonge ! le coupe Rabbi Ouriel.

— Comment pouvez-vous dire que c'est un mensonge, je ne vous ai pas encore dit ce que j'ai entendu ?

— Comment avez-vous pu entendre un mot de lui si vous ne me laissez même pas en dire un seul ?

5

L'esprit talmudique

Un des autres lieux importants de la vie juive est la maison d'étude. L'étude est l'un des fondements, voire le fondement du judaïsme. Consacrer un temps à l'étude de la Torah est un des commandements les plus importants de la vie juive.

Dans les petits villages de Pologne ou du Maroc, la maison d'étude a de tous temps été un lieu de refuge et de construction culturelle et sociale de la communauté.

Quand dans le monde juif il est question de l'étude, c'est avant tout de l'étude du Talmud qu'il s'agit. Le Talmud est la transcription des commentaires oraux qui se sont développés au cours des générations depuis la Révélation au mont Sinaï jusqu'à nos jours. Le texte de la Bible est sans fin commenté et recommenté, analysé sous toutes ses coutures, « obsession textuelle » qui se traduit par une passion de l'étude et le génie de l'analyse des situations. Le Talmud tel qu'il existe sous sa forme actuelle comprend une vingtaine de volumes, le texte principal ayant été écrit pendant plusieurs siècles, du moins deuxième siècle au plus sixième siècle. Un maître du Talmud porte le titre de rav ou de rabbi.

Esquissons ici une petite visite dans la maison d'étude. Elle se nomme en hébreu beit-hamidrach ou yechiva. Lorsqu'on est habitué au silence religieux des bibliothèques de lecture, on est immédiatement choqué en entrant dans le beit-hamidrach, car on est accueilli par une ambiance étonnante de bruits et de mouvements : désordre, brouhaha, allées et venues incessantes... La maison d'étude, qui sert aussi de synagogue et très souvent de salle de fêtes ou tout simplement de salle à manger, est le noyau de la vie intellectuelle et spirituelle. Certaines maisons d'étude accueillent plusieurs centaines d'étudiants dans la même salle, et tous étudient à haute voix, en même temps !

Les étudiants du Talmud n'ont pas la quiétude du moine. Le silence n'est pas la règle ; sur les tables rarement alignées, foisonnent pêle-mêle toutes sortes de livres de toutes tailles, livres ouverts, fermés, empilés uns sur les autres.

Les étudiants — assis, debout, un genou sur le banc ou sur la chaise —, sont penchés sur les textes du Talmud ; l'un à côté de l'autre, mais le plus souvent l'un en face de l'autre, ils lisent à haute voix, se balançant d'avant en arrière, de gauche à droite, ponctuant les articula-

tions difficiles du raisonnement avec de larges gestes du pouce, frappant impétueusement les livres ou la table, voire l'épaule du compagnon d'étude que l'on appelle un h'avère, feuilletant avec fébrilité les pages d'un livre de commentaire pris et remis rapidement dans les rayons de l'immense bibliothèque qui fait le tour de la salle. Les protagonistes de cette « guerre du sens » essaient de comprendre, d'interpréter et d'expliquer. Rarement d'accord, heureusement, sur le sens du passage étudié, ils vont consulter le maître qui écoute, explique, prend position sur les thèses proposées et calme pour quelque temps le combat passionné des consultants.

Sur une table un peu plus loin, un étudiant s'est endormi, les bras croisés sur son texte du Talmud ; à côté de lui, un autre sirote un café et fume une cigarette en prenant un air méditatif, concentration nécessaire à la suite de l'étude. Tout bouge, le beit-hamidrach connaît une effervescence ininterrompue où, de jour comme de nuit, résonnent les voix, le bruissement infini de l'étude...

La pensée talmudique développe un esprit critique fondé sur l'analyse des plus petites différences qui font que chaque situation est différente de l'autre. De plus, il y a dans l'esprit talmudique un mélange de logique classique fondé sur le principe de causalité et de logique du rêve où se mêlent tout à la fois rêve et réalité. Le Talmud est très vigilant quant aux mots employés dans le discours et sait entendre les doubles sens et tous les jeux de mots qui se cachent derrière les mots les plus simples de la vie quotidienne.

La dimension interprétative que l'on rencontre dans le Talmud est en soi une forme d'humour qui donne la possibilité à l'homme de s'inventer toujours autrement.

— Comment se fait-il, demanda-t-on un jour à Rabbi Lévi-Yitshaq de Berditchev, que dans le Talmud de Babylone, à chaque traité manque le premier feuillet et que tous commencent à la page numéro deux ?

— L'homme d'étude, répondit le rabbi, quel que soit le nombre de pages qu'il aura lues et méditées, ne doit jamais perdre de vue qu'il n'est pas parvenu encore à la première page.

Rabbi Yichmaël, un des sages du Talmud, avait une mémoire extraordinaire, il n'oubliait jamais rien. Il avait beaucoup d'élèves qui arrivaient de loin pour l'entendre. Pourtant, une année vint où les étudiants désertèrent sa maison d'étude. Ils devenaient moins nombreux de jour en jour. C'était si étrange que Rabbi Yichmaël se rendit au marché pour découvrir de quoi il retournait. Qu'est-ce qui éloignait donc les étudiants de leurs discussions passionnées ? Il s'aperçut qu'il s'agissait d'un devin ! Tout le monde en parlait : il explique les rêves, il prédit l'avenir, un vrai magicien !

Rabbi Yichmaël se rendit aussitôt chez le devin, un Samaritain installé dans sa tente. Et qui vit-il assis tout autour de lui, l'écoutant bouche bée dans un silence respectueux ? Ses propres élèves ! Qu'à cela ne tienne ! Il s'assit lui aussi.

Le Samaritain s'apprêtait juste à recevoir quatre personnes. Le premier pénétra dans la tente : un vieil homme, qui s'inclina et lui remit de l'argent.

— J'ai vu dans mon rêve que j'avais trois yeux. Qu'est-ce à dire ?

— Cela signifie, répondit le Samaritain, que tu auras bientôt des yeux d'aigle.

— Impossible ! s'indigna le rabbin. Cet homme est certainement un boulanger, regarde ses yeux comme ils sont rouges. Le troisième œil de son rêve, c'est sûrement le four où il met son pain.

— C'est vrai, dit l'homme, je suis boulanger, et le feu de mon four me brûle les yeux.

Contrarié, le Samaritain rendit son argent au boulanger et fit entrer la seconde personne.

— J'ai rêvé que j'avais quatre oreilles, comment interpréter cela ?

— Cela veut dire que bientôt tu seras célèbre dans le monde, décida le Samaritain.

— Mais non, le contredit Rabbi Yichmaël, cet homme est un marchand, comme en témoignent ses habits, il est toujours sur son âne, à voir ses deux oreilles, si bien qu'il finit par les voir en rêve sur sa tête.

Mécontent, le Samaritain remboursa aussi le marchand et appela le troisième homme.

— Grand Sage, dit-il, j'ai rêvé d'un livre de vingt-quatre pages, est-ce un bon signe ?

— Oui, puisque tu as rêvé du livre de comptes de ton commerce.

— Comment ? s'écria Rabbi Yichmaël en riant. Mais as-tu seulement remarqué comme ses habits sont rapiécés ! Ce pauvre homme ne saurait être un commerçant !

Le Samaritain, au comble de la colère, fut à nouveau obligé de rendre l'argent. Entra le quatrième homme.

— J'ai eu un rêve étonnant, annonça-t-il aussitôt, il y avait beaucoup de monde, et ils me désignaient tous du doigt. Qu'est-ce à dire ?

— Excellent, répondit le Samaritain, cela signifie que tu seras bientôt reconnu comme un conseiller vénéré dans ta ville, salué par tous.

Le rabbin éclata, s'adressant à ses élèves tout contrits :

— Allons, vous n'allez pas croire de telles sornettes ! Cet homme est connu pour être un sot, il ne travaille plus ses champs et son blé s'est abîmé, tout cela à cause de ses rêves.

C'était vrai, l'homme avait gâché son blé et les gens se moquaient de lui.

Après cela, les élèves revinrent étudier chez leur maître. Pour sa part, le Samaritain n'avait plus aucun client. Il médita une vengeance. Il appela un ami et lui suggéra :

— Invente un songe, et demande donc à Yichmaël de l'interpréter. De toutes les manières, il ne pourra que se tromper, et nous en profiterons pour le ridiculiser. Ainsi les gens reviendront me voir.

L'ami trouva le rabbin dans sa maison d'étude et l'interrogea comme convenu.

— J'ai vu dans mon rêve quatre cèdres, quatre acacias et une gerbe de paille sur laquelle se trouvait un âne. Qu'en penses-tu ?

— Très intéressant, rétorqua Rabbi Yichmaël, bien que je sois persuadé que c'est un produit de ton imagination. Mais je te répondrai quand même : les cèdres, ce sont les pieds de ton lit ; les acacias en sont les quatre côtés ; la gerbe de blé représente la paille qui constitue ta couche, et l'âne qui repose dessus, c'est toi !

L'ami du Samaritain s'enfuit sous les éclats de rire des élèves de Rabbi Yichmaël. Le faux prophète s'empressa de partir vers une destination où il serait inconnu.

Un non-Juif demandait un jour à son ami juif :

— Pourquoi les Juifs répondent-ils toujours à une question par une autre question ?

— Et pourquoi pas ? lui répondit le Juif.

Un étudiant juif d'Odessa obtient après de dures négociations la permission de visiter Moscou. Il prend le train et s'installe dans un wagon vide. A l'arrêt suivant, monte un homme qui s'assoit à côté de lui. L'étudiant l'observe et réfléchit :

— Il n'a pas l'air d'un paysan, cela signifie qu'il appartient probablement à ce district. S'il appartient à ce district, il est certainement juif, puisque ce district est en majorité juif. Mais, d'un autre côté, s'il est juif, où peut-il bien aller ? Je suis le seul Juif du district à avoir eu la permission d'aller jusqu'à Moscou. Ah ! J'y suis ! Juste avant d'entrer dans Moscou, il y a un petit village dans lequel on peut entrer sans avoir besoin de permission spéciale. Mais... pourquoi se rend-il là-bas ? Il va voir quelqu'un, certainement, mais qui ? Combien de familles juives vivent dans ce petit village ? En tout et pour tout, deux ! Les Rosen et les Jablonski. Les Rosen sont insupportables, ce n'est pas eux qu'ils va voir. C'est donc les Jablonski. Mais qui est-il pour leur rendre visite ? Les Jablonski n'ont que des filles, mais il est peut-être l'un des gendres. S'il est leur gendre, à quelle fille est-il marié ? Rachel s'est mariée avec un avocat de Budapest et Myriam avec un bijoutier de Varsovie. Compte tenu de l'endroit où il est monté dans le train, il doit être plutôt le mari de Rachel. Et son nom est Salomon Cohen si mes souvenirs sont bons. Mais ils sont tellement antisémites en Hongrie qu'il a dû changer son nom. Cohen en Hongrie, ça donne Kovacs. Mais seuls ceux qui ont un statut particulier ont la possibilité de changer leur nom. Il est certainement docteur d'université.

A ce stade de son raisonnement, triomphant intérieurement, l'étudiant se tourne vers le jeune homme et lui dit :

— Comment allez-vous, docteur Kovacs ?

— Très bien, merci, répond l'homme, sidéré. Mais d'où connaissez-vous mon nom ?

— Comment, mais c'est évident ! répond modestement l'étudiant.

Ça se passe dans un train en Pologne, un train qui s'arrête à chaque petit village. Un jeune Juif monte à une station et trouve une place en face d'un vieux Juif d'aspect très respectable : belle barbe blanche, regard vif et malicieux, carrure imposante. Au bout de quelques secondes, le jeune homme s'ennuie et désire engager la conversation, comme cela se fait dans les trains. Il ne sait pas très bien par où commencer, alors il se rabat sur la question bateau :

— Excusez-moi, est-ce que vous avez l'heure, s'il vous plaît ?

— Oui, bien sûr, il est...

Le vieux Juif sort de sa petite poche une magnifique montre en or rutilante et lui indique l'heure.

La conversation s'engage, et le jeune Juif découvre que la personne en face de laquelle il s'est assis est quelqu'un de très important, un grand rabbi ! Très intéressant !

— Et... avez-vous une fille ?

— Oui, j'en ai même deux, une de vingt ans, qui est déjà mariée et qui a un petit garçon, et une de dix-huit ans, qui n'est pas encore mariée.

— Justement, moi aussi, je suis encore célibataire, alors on pourrait peut-être...

— Eh ! Tu crois que je voudrais un gendre qui n'a même pas une montre à lui ?

Moïse et Abraham sont couchés à l'hôpital sur deux lits voisins. Ils se font tous deux masser pour leur sciatique. Tandis que Moïse hurle de douleur, Abraham est tout à fait tranquille. Le masseur parti, Moïse, encore tout tremblant, s'étonne :

— Comment as-tu résisté à la douleur ?

— Tu me crois assez bête pour lui donner ma jambe malade ?

Jacob a entendu dire que les corps se dilatent avec la chaleur et se rétractent sous l'effet du froid. Il va demander confirmation à son rabbin.

— C'est tout à fait juste, lui répond le rabbin. Voyez, en été quand il fait chaud, les jours allongent, et en hiver quand il fait froid, les jours sont plus courts.

Un rabbin surprend un jour sa femme couchée avec un autre homme :

— Léa, ce n'est pas bien, on commence comme ça et après on finit par fumer au Chabbat.

Une femme affolée vient trouver son rabbin pour lui soumettre un grave problème :

— Rabbi, rabbi, aujourd'hui, comme d'habitude, je me suis préparé une tranche de pain, je l'ai beurrée, et voilà-t-il pas qu'elle me tombe des mains ! Mais rabbi, ce que je ne comprends pas, c'est qu'elle est tombée du côté pas beurré ! Comment est-ce possible ?

Le rabbin demande une semaine de réflexion, pas moins, pour résoudre cette épineuse question. Au bout de ce délai, il prononce sa sentence :

— Une tranche de pain tombe toujours sur son côté beurré, mais vous, vous l'avez beurrée du mauvais côté !

Laurent a parié avec son ami Jonathan qu'il sortirait admis au processus de conversion dès sa première visite chez le rabbin. Celui-ci se renseigne un peu sur le candidat, lui demande de décliner ses qualifications.

— Je suis docteur en philosophie, mon sujet de thèse a porté sur la logique socratique.

— Je vais vous tester pour voir si vous avez l'esprit adéquat pour l'étude juive. Je vais vous poser des questions de logique, puisque c'est votre spécialité.

Laurent est prêt.

Le rabbin montre deux doigts :

— Deux hommes descendent par une cheminée. L'un en sort propre, l'autre sale. Qui va se laver ?

— C'est ça, le test de logique ?

Laurent a envie de rire.

— Tout à fait, répond le rabbin imperturbable.

— Oh ! C'est celui qui est sale qui va se laver.

— Faux. C'est celui qui est propre qui va se laver. C'est de la logique simple : celui qui est sale voit celui qui est propre et pense qu'il est propre lui aussi, il ne va donc pas se laver. Celui qui est propre voit celui qui est sale et pense qu'il est sale lui aussi, c'est donc celui qui est propre qui va se laver.

— Très clair, conclut Laurent. Passons au test suivant.

Le rabbin montre à nouveau deux doigts :

— Deux hommes descendent par une cheminée. L'un sort propre, l'autre sale. Qui va se laver ?

— Vous m'avez déjà donné la réponse tout à l'heure, c'est celui qui est propre qui va se laver.

— Faux. Tous les deux se lavent : c'est logique, celui qui est propre voit celui qui est sale et pense que lui aussi est sale, il va donc se laver. Mais celui qui est sorti sale voit celui qui est sorti propre se laver et va aussi se laver. Donc tous les deux se lavent.

— Je n'ai pas réfléchi comme ça, dit Laurent. Donnez-moi un autre test, maintenant j'ai bien compris la méthode.

Le rabbin montre ses deux doigts :

— Deux hommes descendent par une cheminée. L'un sort propre, l'autre sort sale. Qui va se laver ?

— Tous les deux, nous venons d'arriver à cette conclusion !

— Faux ! Aucun des deux ne se lave : c'est logique. Celui qui est sale voit celui qui est propre et pense qu'il est propre lui aussi et donc ne se lave pas. Celui qui est propre voit que celui qui est sale ne se lave pas, et il ne se lave pas non plus. Donc, aucun des deux ne se lave.

Laurent est découragé.

— Je suis sûr d'avoir compris, pourtant. Faites-moi passer un dernier test.

Le rabbin lève les deux doigts fatidiques :

— Deux hommes descendent par une cheminée. L'un sort propre, l'autre sort sale. Qui va se laver ?

— Aucun des deux ne se lave, répond Laurent d'une voix à peine audible.

— Faux. Comprenez-vous à présent que la logique socratique n'est pas une base suffisante pour résoudre les problèmes talmudiques ? La réponse est que c'est une question stupide, puisque comment est-il possible que deux personnes qui passent par la même cheminée puissent sortir l'une sale et l'autre propre ? Celui qui ne comprend pas cela immédiatement n'a pas l'esprit adapté à l'enseignement du Talmud.

La loi du paon.

L'histoire se passe en Pologne au siècle dernier. Une pauvre femme à qui l'on doit de l'argent se voit remettre par son créancier un paiement en nature : un paon.

N'ayant jamais vu de paon, elle va consulter son rabbin pour savoir si le paon est cachère.

Le rabbin lui répond :

— Mon père, le grand rabbi Yankel, a toujours dit que le paon n'était pas cachère.

— Mais alors, que vais-je faire de mon paon ? demande la femme.

— Laisse-le dans ma basse-cour, je m'en occuperai et tu pourras venir le voir quand tu le désireras.

Le paon intègre donc la basse-cour du rabbi et la femme vient lui rendre visite régulièrement. Passe un mois, puis deux...

Un matin, elle arrive dans la basse-cour et ne trouve plus son paon ! Elle se précipite chez le rabbin.

— Rabbi, rabbi, où est passé mon paon ?

— Ton paon ? Je l'ai mangé !

— Comment, tu l'as mangé ? Mais tu m'as dit que ton père, le grand rabbi Yankel, a toujours dit que le paon n'était pas cachère !

— Oui, mais sur la question du paon, mon père et moi n'avons jamais été d'accord !

Quelques années avant la mort du grand poète Haïm Na'hman Bialik, les journaux israéliens spéculaient à qui mieux mieux en affirmant qu'il recevrait le prix Nobel de littérature.

Quand le prix fut attribué à quelqu'un d'autre, on interrogea Bialik :

— Je suis très heureux de n'avoir pas gagné le prix, répondit-il, maintenant tout le monde est ami avec moi et compatit à mon triste sort. Oh, comme ils sont en colère pour moi, ils disent : C'est un véritable scandale, Bialik, le grand poète Bialik, n'a pas reçu le prix Nobel ! Regardez donc à qui ils l'ont donné ! A X ! Il ne lui arrive même pas à la cheville ! D'un autre côté, si j'avais reçu le prix Nobel, je suis sûr que parmi ceux-là mêmes qui sont si indignés pour moi aujourd'hui, il y en aurait eu pour dire : Eh bien, qu'y a-t-il de si extraordinaire à recevoir le prix Nobel ? Même Bialik l'a reçu !

Doudou Nataf entre dans un restaurant et commande une soupe aux fèves. Lorsqu'elle arrive, il change d'avis et demande à la place un plat de poivrons farcis. Quand il termine de manger, il se lève et se dirige vers la sortie.

— Excusez-moi, fait le serveur en le retenant, vous n'avez pas payé pour les poivrons farcis.

— De quoi parlez-vous ? interroge Doudou, ne vous ai-je pas remis la soupe à la place des poivrons ?

— Mais, vous n'avez pas payé non plus pour la soupe.

— Bien sûr que non ! Je ne l'ai pas mangée !

Un vieux Juif voyageait seul dans un compartiment du Transsibérien au début du siècle. Dans un petit village, monte un officier du tsar. Silencieux d'abord, au bout d'un moment l'officier pose une question :

— Dites-moi, pourquoi les Juifs sont-ils tellement plus intelligents que les autres ?

— C'est parce qu'ils mangent du hareng, répond le Juif après réflexion.

Et il se met à sortir du hareng de son sac de voyage et à le déguster. L'officier hume l'odeur forte, il se sent déjà plus intelligent.

— Combien de harengs avez-vous là ? demande l'officier.

— Une bonne douzaine.

— Combien en voulez-vous, si je vous les achète ?

— Vingt-cinq roubles.

— Fichtre ! C'est beaucoup, mais les voici.

L'officier paie la somme demandée. Le vieux Juif lui donne les harengs et l'officier commence à les manger. Tout à coup, il cesse de mâcher :

— C'est stupide ! s'exclame-t-il. A Moscou j'aurais pu en acheter cent kilos pour la même somme !

— Vous voyez, rétorque le vieux Juif malicieusement, ça commence à faire son effet.

Einstein (le grand) était assis à un dîner à côté d'une femme un peu naïve et poseuse.

— Dites-moi, professeur, quelle est la différence entre Temps et Eternité ?

— Madame, répliqua le grand scientifique, si je prenais tout le temps nécessaire pour vous l'expliquer, cela vous prendrait une éternité pour comprendre seulement le premier mot.

6

Le comportement parfois étrange, parfois absurde

Si vous racontez une blague à un paysan, il rira trois fois : une fois quand on lui raconte, une fois quand il s'en souvient et une troisième fois quand il la répète à quelqu'un d'autre ; un citadin rira deux fois : une fois quand il l'écoute et une fois quand il la comprend ; un Français rira une fois, quand il comprend, et un Juif vous interrompra aux premiers mots en vous disant qu'il la connaît déjà, mais sous une autre forme, et se mettra à vous la raconter selon sa version, qui est bien meilleure que la vôtre.

Un des aspects importants de l'humour est l'absurde ; absurde de situation, absurde du raisonnement, absurde dans la syntaxe, ou dans l'utilisation de mots inappropriés à la situation. Distorsion entre les questions et les réponses, entre deux registres de discours... Entre deux logiques.

Ch'ha est un personnage célèbre dans le folklore des Juifs d'Afrique du Nord, au même titre que Toto en France. Parfois il est juif, parfois il apparaît comme arabe. On raconte à son propos de nombreuses histoires, nous en rapporterons ici quelques-unes.

Un jour, le célèbre acteur et metteur en scène Laurence Olivier reçut une lettre d'un certain M. Zylberstein, archimilliardaire. Il lui était demandé de mettre en scène *Hamlet,* de Shakespeare, avec les meilleurs acteurs du moment, le plus beau décor possible, car il s'agissait d'une représentation unique, huit mois plus tard, devant la reine d'Angleterre, le pape, et les présidents des nations les plus importantes du monde civilisé. Il n'était pas nécessaire de regarder à la dépense, car était joint un chèque d'un million de livres pour commencer.

Olivier, très surpris, téléphona à la banque pour s'assurer qu'il ne s'agissait pas d'une farce ; on lui répondit que le chèque était bien couvert. Il accepta alors de se mettre au travail. Il choisit pour le personnage de *Hamlet* l'acteur Paul Rilley, le meilleur. Pendant six mois, ils répétèrent d'arrache-pied. Il fallait que tout fût parfait. Le moment approchait, encore deux mois, un mois, deux semaines, quelques jours, puis le grand jour arriva.

C'est alors que surgit la catastrophe : ce jour-là précisément, Paul Rilley tomba dans les escaliers et ne réussit pas à se relever. Il fut transporté d'urgence à l'hôpital où on diagnostiqua une double fracture. On lui plâtra les deux jambes avec recommandation de rester allongé au moins deux mois. Plus de Hamlet ! Laurence Olivier n'avait rien prévu d'imprévu, et il n'y avait donc pas de remplaçant. Que faire ? Il prévint immédiatement M. Zylberstein, le commanditaire du spectacle.

— Ne bougez pas, j'arrive, déclara le milliardaire.

Peu après, il fit son apparition à l'hôpital dans la chambre de Rilley. M. Zylberstein, c'était un tout petit homme très mince, respirant l'autorité.

— Je suis absolument désolé, croyez-moi, commença Olivier, je ne sais vraiment pas quoi faire, tout est gâché par ma faute, j'aurais dû prévoir, je...

— Ne vous en faites pas, interrompit le petit homme, je connais *Hamlet* par cœur, je le remplacerai moi-même. Et il partit.

Laurence Olivier était estomaqué : ce petit homme allait jouer Hamlet ! Comme ce serait ridicule ! Sans compter qu'il n'avait pas répété ! Qui garantissait qu'il connaîtrait bien son texte ? « To be or not to be » ! Quel outrage allait-on lui faire subir, à cette sublime tirade ?

Contrairement à ses craintes, la représentation fut extraordinaire. Zylberstein connaissait son rôle à la perfection. Il avait grandi, il avait pris au moins trente centimètres de hauteur pour les besoins du spectacle. Tous les Très Importants Personnages présents furent éblouis et applaudirent à tout rompre l'excellente prestation. Olivier, émerveillé mais abasourdi, alla rejoindre Hamlet dans sa loge. C'était bien Zylberstein, le petit homme. Il le félicita, et lui demanda comment...

— C'est très simple, répondit Zylberstein, tout ça, c'est de la comédie !

Je rapporte l'histoire suivante en hommage à mon père Daniel Rotnemer qui l'aime particulièrement. J'ai entendu de sa bouche la dernière réplique un nombre incalculable de fois, car pour lui elle évoque à elle seule l'absurde et le manque d'à-propos qui caractérise tant de monde.

Un jeune homme un peu bête demande conseil à son ami :

— Comment fais-tu pour draguer ? Tu arrives à avoir les filles les plus super, et moi je ne réussis même pas à sortir avec une seule.

— Écoute, mon cher, le secret c'est qu'il faut savoir parler, et les filles juives adorent tout particulièrement trois sujets : la bouffe, la famille et la philosophie. Demande-lui ce qu'elle aime manger, ensuite embraie sur sa mère, ses frères et sœurs, et passe à la philosophie pour qu'elle te montre son intelligence.

Fort de ces conseils, le jeune homme prend rendez-vous et attaque aussitôt :

— Aimez-vous le *gefilte fish* [1] ?

— Pas du tout ! réplique la demoiselle.

— Et avez-vous des frères ?

— Non, je suis fille unique.

— Et si vous aviez un frère, est-ce qu'il aimerait la philosophie ?

Ch'ha était très fort dans sa ville et personne ne pouvait le vaincre. Un jour, quelqu'un lui dit :

— A Marrakech, il y a un homme plus fort que toi.

Cela le mit dans une grande fureur et il décida de le rencontrer pour décider qui des deux était véritablement le plus fort. Il se rendit à Marrakech et, là, demanda à un Juif dans la rue :

1. Carpe farcie.

— Savez-vous où habite le Juif qui est si fort ?

L'homme répondit :

— Je le sais.

Ch'ha se réjouit de le trouver aussitôt. Il demanda encore :

— Si je te donne de l'argent, pourras-tu me conduire chez lui ?

— D'accord, je te conduirai, répondit l'homme, mais je ne peux pas quitter ce mur : si je m'en vais il tombera. Appuie-toi contre le mur et attends-moi, je t'amènerai l'homme fort que tu recherches.

L'homme partit et ne revint pas. Ch'ha ne quitta pas l'endroit de la journée. Vers le soir, épuisé, il avisa un Arabe qui passait devant lui :

— Savez-vous où habite le Juif qui est si fort ?

— Oui, je sais, répondit l'Arabe, mais pourquoi êtes-vous appuyé contre le mur ?

— Un homme m'a recommandé de le tenir pour qu'il ne tombe pas.

L'Arabe éclata de rire :

— Cet homme s'est moqué de toi, c'était lui l'homme fort.

Ch'ha s'en alla, hors de lui. Il se rendit au souk et demanda :

— Avez-vous vu le Juif qui est si fort ?

Un Juif s'approcha de lui et dit :

— Je vais t'expliquer où il habite. Attrape cette pelote de fil et reste ici. Moi, je prends un bout du fil et je me dirige vers sa maison. Quand la pelote sera complètement déroulée, tu sauras que je suis arrivé.

Ch'ha se saisit de la pelote et regarda l'homme disparaître à un tournant. Il attendit, immobile sur la place du marché. Un Arabe lui demanda :

— Que fais-tu là, sans bouger ?

— Je cherche l'homme qui est si fort pour le frapper, car il s'est moqué de moi.

— Et qu'as-tu dans les mains ?

— Une pelote de fil. Quand elle sera complètement déroulée, je saurai où habite cet homme que je cherche.

L'Arabe éclata de rire et dit :

— Il s'est encore moqué de toi, car celui qui t'a donné la pelote était l'homme fort lui-même.

Ch'ha suivit alors le fil et arriva à la maison de l'homme fort qu'il avait tant cherché. Mais il était trop épuisé et n'avait plus aucune envie de se battre. Ils se réconcilièrent, devinrent de bons amis et parcoururent le pays ensemble.

Un jour, la mère de Ch'ha lui demanda d'aller acheter de l'huile et lui donna de l'argent à cet effet.

Ch'ha tendit la bouteille au vendeur qui la lui remplit. Mais il resta un peu d'huile dans la mesure, car la bouteille était trop petite. Alors Ch'ha retourna sa bouteille de telle sorte que le fond, qui était légèrement creux, soit en haut. Ch'ha dit au vendeur de verser là le reste d'huile. En tenant la bouteille à l'envers, Ch'ha rentra chez sa mère. L'huile coula de la bouteille et il ne resta rien. Lorsqu'elle vit cela, la mère de Ch'ha demanda :

— C'est là toute l'huile ?

— Non, répondit Ch'ha, de ce côté aussi il y a un peu d'huile, et il retourna la bouteille.

La sœur de Ch'ha se mariait ce jour-là. La mère devait aller chercher chez le pâtissier le dernier plateau de gâteaux pour les festivités. Elle recommanda à son fils :

— Ch'ha, veille bien sur ta sœur, jette un œil sur elle de temps en temps.

En fils obéissant, Ch'ha alla voir sa sœur : elle était prête pour le mariage, maquillée, habillée d'une magnifique robe, parée de tous ses bijoux, scintillante de bonheur. Puis il se rendit chez le boucher. Quand elle revint, la mère de Ch'ha faillit s'évanouir : sa fille, si belle, était couverte de sang !

— Ch'ha, que s'est-il passé ? Ta sœur ! je t'avais demandé de jeter un œil sur elle !

— Mais c'est ce que j'ai fait, maman !

— Hein ?

— Oui, je suis allé chez le boucher, j'ai acheté des yeux de bœuf et de temps en temps j'en ai jeté un sur elle !

Or, un Chabbat matin, Ch'ha devait faire un discours à la synagogue, mais il n'avait rien préparé et ne savait pas quoi dire. Il imagina un stratagème :

— Chers fidèles, dit-il, savez-vous ce que je vais vous dire ?

— Non, répondirent-ils.

— Si vous ne savez pas, que voulez-vous que je vous dise ! répliqua-t-il, et il partit débarrassé.

La semaine d'après, il ne prépara rien non plus. Arrivé devant les fidèles, il dit :

— Chers frères, savez-vous ce que je vais vous dire ?

— Oui, oui, répondirent-ils, pour qu'il ne parte pas comme le Chabbat précédent.

— Si vous le savez déjà, constata Ch'ha, il ne me reste plus rien à vous dire que vous ne sachiez. Je crains de vous ennuyer. Et il partit, débarrassé pour la seconde fois.

Les fidèles se réunirent et tinrent conseil. Finalement, ils décidèrent de répondre à la question de Ch'ha qu'une partie d'entre eux savait alors que l'autre partie ne savait pas ce qu'il avait à dire.

Le troisième Chabbat, lorsque Ch'ha posa sa question, ils firent comme convenu :

— La moitié d'entre nous sait, l'autre moitié ne sait pas.

— Quelle communauté exemplaire ! s'extasia Ch'ha. Sans même vous parler, certains d'entre vous ont saisi mon enseignement. Eh bien, que ceux qui savent ce que j'ai à dire l'enseignent à ceux qui ne savent pas. Et il partit pour la troisième fois.

Ch'ha était ému de la détresse des pauvres de son quartier. Il décida un jour de prendre les choses en main, monta, un Chabbat, à la tribune de la synagogue et tenta de persuader les riches de se montrer dorénavant plus généreux envers les pauvres.

— Quel effet a eu ton sermon ? lui demanda sa femme à son retour.

— J'ai convaincu la moitié de l'assistance : les pauvres sont prêts à recevoir plus.

Un jour, Ch'ha revenait du marché lourdement chargé. Aussi, il se mit le sac sur le dos avant de monter sur son âne. Quelqu'un s'étonna :

— Pourquoi ne mets-tu pas le sac sur l'âne, plutôt que de le porter toi-même sur ton dos ?

— C'est que, répondit Ch'ha, je ne veux pas trop fatiguer mon pauvre animal.

Une nuit d'insomnie, Ch'ha se promenait dans la rue. Un policier l'aborda :

— Que faites-vous à cette heure dans la rue ?

— J'ai perdu mon sommeil, je suis sorti à sa recherche.

Ch'ha était très ému à l'approche de son mariage. Il ne savait pas quoi faire quand la cérémonie serait terminée et qu'il resterait seul dans la chambre avec sa femme. Il demanda conseil à ses amis qui lui dirent :

— Ne t'inquiète pas, Ch'ha, tu as déjà vu des dizaines de fois comment font les chiens. Fais comme eux, tout simplement.

— Merci, mes amis, vous m'avez sauvé.

Après la fête, Ch'ha et sa femme se rendirent dans la chambre à coucher. Sa femme se déshabilla, se glissa dans le lit et attendit Ch'ha.

Ch'ha se dépêcha de se déshabiller aussi, fit le tour du lit, leva le pied et urina sur chacun des quatre pieds du lit...

En Russie, un noble fait paraître l'annonce suivante : « Je cherche un homme jeune, élégant, sachant parler parfaitement le français et l'anglais, pour m'accompagner en Europe occidentale. »

Un vieux Juif se présente et demande à parler d'urgence à celui qui a fait paraître l'annonce. De toute évidence, il ne correspond pas à ce que l'on attend, aussi le concierge refuse-t-il de le laisser entrer. A force d'insistance, il entre quand même.

— Seigneur, dit-il au noble, j'ai lu votre annonce. Comme vous le voyez, je ne suis ni jeune, ni élégant. J'ajoute que je ne parle ni l'anglais ni le français.

— Alors ?

— Alors je suis venu vous dire que je ne peux pas accepter la situation que vous offrez.

Une mère disait à ses enfants :

— Les enfants, nous irons au cinéma cette semaine, si Dieu nous prête vie. Sinon, nous irons la semaine prochaine.

Un Juif ivrogne dit un soir à sa femme :

— Cette nuit, je voudrais que tu me réveilles quand j'aurai soif.

— Moi, je veux bien, répondit la femme, mais comment saurai-je que tu as soif ?

— Eh ! Quand tu me réveilleras, c'est là que j'aurai soif !

— T'as pris un bain ?

— Pourquoi ? il en manque un ?

Dans un train en Russie, un jeune Juif s'assoit face à un Juif âgé, portant barbe blanche et long manteau noir. Au bout d'un moment, il observe avec stupéfaction que le vieil homme fait des gestes très bizarres : il murmure, sourit, lève les bras, s'interrompt, recommence. Le jeune homme ne contient pas longtemps sa curiosité et demande :

— Excusez-moi, mais est-ce que vous vous sentez bien ?

— Je me sens très bien, mais je voyage souvent en train, et comme je m'ennuie, j'ai inventé une façon de passer le temps : je me raconte des blagues, c'est pour cela que je parle et je ris tout seul.

— Mais alors, pourquoi levez-vous le bras ?

— Ah ! Ça, c'est quand je la connais déjà, je me dis d'arrêter !

C'est une femme qui s'assoit dans le métro parisien. Elle se met à regarder avec insistance son voisin, puis elle n'y tient plus et lui demande :

— Excusez-moi, vous ne seriez pas juif, par hasard ?

Complètement estomaqué, l'autre lui répond :

— Non, non, madame, pas du tout.

— Ah bon, j'aurais cru !

Elle le laisse quelques secondes puis revient à la charge :

— Excusez-moi, monsieur, vous êtes sûr de ne pas être juif ?

— Non, madame, je vous assure, je ne suis pas juif !

— Ah !.... Et vous n'avez pas un grand-père juif ? Une grand-mère ?

— Non, madame !

L'homme commence à être excédé, mais la femme insiste, repose dix fois la même question. Il n'en peut plus, alors il pense se débarrasser d'elle en lui répondant :

— OK ! OK ! Je suis juif !

Alors la femme le regarde avec attention :

— Ah ! C'est bizarre, vous n'avez pas le type !

Salomon joue au golf avec beaucoup d'ardeur ; à un moment il envoie même une balle si fort qu'il ne la retrouve plus sur le terrain. Il sort la chercher, et se retrouve nez à nez avec un policier furieux :

— Ah ! C'est vous qui avez perdu votre balle ?

— Oui, pourquoi ?

— Eh ben, vous pouvez vous vanter ! Votre balle, elle a cassé le pare-brise d'un camion qui traversait juste la voie ferrée. Le camion s'est coincé, et le train est arrivé. Il a foncé dedans puis il a déraillé dans le terrain de camping qui se trouve à proximité. Il y a au moins cinq morts et douze blessés ! Je me demande ce que vous avez l'intention de faire maintenant ?

— Moi ? Ben, je vais tâcher de mieux viser.

Dans un restaurant, le maître d'hôtel s'aperçoit que M. Perez, son meilleur client, parle au poisson qui est dans son assiette.

— Vous parlez au poisson, monsieur Perez ?

— Oui.
— Et il vous comprend ?
— Bien sûr.
— Que lui dites-vous ?
— Je lui demande des nouvelles de mon cousin de New York.
— Et il vous répond ?
— Oui, il me dit : Je ne peux pas vous répondre, monsieur Perez, il y a plus d'un an que j'ai quitté l'Océan.

Deuxième version.

Un client a commandé du poisson au restaurant. Lorsque son plat est servi, il l'examine avec méfiance et déclare au serveur :

— Hum ! Ce poisson a l'air d'être là depuis un an !

Le serveur, laconique :

— Je ne sais pas, monsieur, ça fait seulement six mois que je suis là.

Dans un bar de Marrakech entre un homme de haute stature. Il donne un coup de poing sur le comptoir et tonne d'une voix forte et menaçante :

— Un verre de Coca, *oula* [1] !...

Le serveur tremblant de peur lui sert immédiatement son verre de Coca et attend que ce client inquiétant parte. Le verre terminé, l'homme pose son verre si fort qu'il se casse en mille morceaux. Puis il part en gratifiant les clients d'un énorme rot de contentement.

Le lendemain, même heure, même scénario :

— Un verre de Coca, *oula* !...

Chaque jour, pendant un mois, le serveur du bar tremble et s'exécute. Le patron finit par en avoir assez d'être volé, consentant,

1. Sinon !

devant tous ses clients. Un jour, il prend son courage à deux mains et :

— Un verre de Coca, *oula* !...

— *Oula* quoi ?

— *Oula* limonade, *oula* de la bière...

Par un beau jour d'été, Goldstein déjeune dans le restaurant de Mme Zenou. Il a trop chaud, il enlève sa veste et la pose sur le dossier de sa chaise. Mme Zenou s'approche :

— Monsieur Goldstein, si vous étiez au Fouquet's et que vous enleviez votre veste, que croyez-vous qu'on vous dirait, là-bas ?

— Ce qu'on me dirait là-bas ? On me dirait : cher Monsieur Goldstein, si vous voulez enlever votre veston, vous feriez mieux d'aller manger chez Mme Zenou.

Nissim va sortir. Il demande à sa femme :

— Dis donc, Simy, je vais sortir, il me semble qu'il va pleuvoir. Qu'en penses-tu ? Si je prenais mon parapluie ?

— Prends ton parapluie.

— Oui, mais s'il ne pleut pas, je n'en aurai pas besoin. Je vais le laisser à la maison et je prendrai plutôt ma canne.

— D'accord, laisse ton parapluie à la maison et emporte plutôt ta canne.

— Mais regarde, Simy, l'orage approche. Si je me trouve dehors quand il éclatera, je serai mouillé. Je vais plutôt laisser ma canne à la maison et prendre mon parapluie.

— Bien, laisse ta canne à la maison et prends ton parapluie.

— Tu as raison, mais j'ai l'impression que le ciel s'éclaircit,- non ? Je vais laisser mon parapluie à la maison et emporter ma canne.

— Bon Dieu, Nissim ! Emporte ta canne et laisse donc ton parapluie à la maison !

— Va au diable ! Tantôt tu me dis d'emporter mon parapluie, tantôt tu me dis d'emporter ma canne ! Ah ! les femmes, toutes pareilles ! Et puis, je n'ai pas besoin de parapluie ni de canne, je ne sors pas !

Deux vieux Juifs rendent visite à Rothschild. Mais ils sont si sales que le valet de chambre leur dit :

— Vous ne pouvez pas entrer ainsi. Il faut vous changer.

Les deux Juifs se retirent à l'écart, et le plus âgé dit à l'autre :

— Quelle idée ! Enfin, faisons ce qu'il demande : passe-moi vite ta chemise, je te donne la mienne.

Un Juif a très mal aux pieds parce que ses chaussures sont beaucoup trop petites pour lui. Son ami s'étonne :

— Pourquoi ne t'achètes-tu pas des chaussures plus grandes ? T'es radin ou quoi ?

— Mais non ! Avare, moi ? Si je porte des chaussures trop petites, c'est parce que mes affaires vont mal, que ma femme est en train de me quitter et que mes enfants me manquent de respect. Alors tu comprends, quand je rentre chez moi et que j'enlève mes chaussures, il m'arrive enfin quelque chose d'agréable dans la journée.

Un petit groupe d'amis à la retraite se retrouvent chaque jour au parc à côté de la place de la République. Ils discutent pendant des heures de la situation dans le monde, et toutes leurs discussions sont empreintes de pessimisme. Un beau jour, l'un d'eux annonce à la cantonade :

— Vous savez quoi ? Je suis optimiste !

Le groupe est très choqué. Tous ont le sentiment d'avoir été trahis. Mais très vite, un des amis voit la faille :

— Une seconde ! Si tu es si optimiste, pourquoi as-tu l'air si désolé ?

— Tu crois que c'est simple d'être optimiste ?

La meilleure façon de parler.

Deux amis font une traversée ensemble. Une violente tempête fait couler le bateau. Tout le monde se noie, sauf les deux amis, qui arrivent sains et saufs sur le rivage. On s'étonne :

— Comment avez-vous nagé aussi bien ?

— Nous ne savons pas nager !

— Mais alors, comment ?

Agitant les mains, ils répondent :

— Nous avons causé, c'est tout.

Un vieux Juif découvre le téléphone. Il est épaté qu'on puisse transmettre la voix à distance.

— Comment se sert-on de cela ?

— On tient le récepteur d'une main, le cornet de l'autre, et...

— Comment, les deux mains encombrées ? Mais comment je vais parler, moi ?

Benguigui rencontre Marciano et s'aperçoit qu'il a mis sa bague à l'envers.

— Tiens, pourquoi portes-tu ta bague avec le brillant en dedans ? C'est la nouvelle mode ?

Marciano lève les mains :

— Et comment on verrait mon diamant, autrement ?

Salomon vient d'être giflé par Laurent.

— Dis donc, c'est sérieux ou c'est une plaisanterie ?

— C'est sérieux !

— Heureusement, parce que j'ai horreur de ce genre de blagues !

C'est l'hiver, il règne un froid glacial. David entre dans un restaurant et laisse la porte ouverte.

— Eh, David ! Ferme la porte ! Il fait froid dehors !

— Alors, tu crois vraiment que si je ferme la porte, il fera moins froid dehors ?

Abraham est un paisible retraité qui se repose devant son petit hôtel de Cannes, quand il voit au loin un énorme nuage de poussière qui s'approche. Il se lève afin de mieux observer : c'est un fermier dans sa camionnette.

— Bonjour, commence Abraham.

— Bonjour.

— Vous allez où, comme ça ?

— En ville.

— Et que transportez-vous dans votre camionnette ?

— De l'engrais.

— De l'engrais ? Pour quoi faire ?

— Pour le mettre sur les fraises.

— Oh ! Vous devriez venir déjeuner ici un de ces jours, vous pourriez essayer avec de la crème Chantilly.

7

Regard sur soi, cynisme et dérision

L'humour est aussi une forme d'enseignement. Il permet de dire de manière détournée certaines choses qui seront ainsi plus facilement acceptées par les auditeurs. Mais attention, il ne faut pas se tromper : ce qu'un Juif peut dire de lui-même, il ne permet pas à n'importe qui de le lui servir, comme Cyrano de Bergerac, qui déclame sur son nez exceptionnel durant une longue et superbe tirade, mais interdit à quiconque de lui faire la moindre ombre de remarque au sujet de son étonnant appendice.

Un des grands maîtres hassidiques, Rabbi Abraham l'Ange, s'était rendu en visite à Kremnitz. Les personnalités de la ville s'étaient réunies pour l'accueillir. Mais, se détournant de ces gens, il s'en fut droit à la fenêtre, où il se mit à contempler le mont qui domine la cité. L'un des notables, imbu de son importance, prit assez mal la chose :

— Comment ce mont-là peut-il tant vous étonner ? N'avez-vous jamais rien vu de pareil ?

— Je regarde, et je m'étonne qu'une simple motte de terre ait pu se gonfler de tant d'importance jusqu'à devenir un mont si élevé.

Un visiteur se trouvait chez Rabbi Shlomo de Karlin, quémandant une aide pour assumer son mal de vivre.

— Mais, protestait le rabbi, je n'ai pas de clé qui puisse t'ouvrir !

— Prends un clou et fais sauter la serrure ! s'exclama son visiteur.

René rencontre Daniel :
— Comment vas-tu, Daniel ?
— Ça va très bien.
— Vraiment ?
— Mais oui ! Ma maison va bientôt s'écrouler ; en hiver on crève de froid et en été on étouffe, mais ça va très bien. Ma femme est devenue ignoble en vieillissant, mais ça va très bien. J'assume difficilement les fins de mois. J'ai de plus en plus de maladies avec le temps, mais à part ça, ça va très bien !

Un couple de centenaires va trouver le rabbin pour divorcer.
— Depuis combien de temps êtes-vous mariés ? demande le juge.
— Depuis soixante-seize ans.
— Combien de temps avez-vous été malheureux ensemble ?
— Quasiment tout le temps.
— Alors pourquoi voulez-vous divorcer seulement maintenant, après tant d'années ?
— On attendait que les enfants meurent.

Un Juif qui a tout fait pour oublier qu'il était juif, en changeant de nom, de maison, de fréquentations, d'activités, se retrouve un jour à un cocktail. Quelqu'un l'aborde :
— Tiens, bonjour ! Nous nous sommes rencontrés il y a deux ans à Tel-Aviv, au mariage de Sophie et Daniel.
— Impossible !
— Mais si, je me rappelle très bien votre visage...
— Non, je ne suis jamais allé à Tel-Aviv !

— C'est très étrange, alors, c'était quelqu'un qui vous ressemblait énormément. On ne vous a jamais confondu avec quelqu'un d'autre ? J'aurais vraiment juré vous avoir déjà rencontré à Tel-Aviv !

Complètement excédé, stressé, au bord de la crise de nerfs, constatant que malgré tous ses efforts, il y aura toujours un fâcheux pour lui rappeler ce qu'il cherche précisément à oublier, il éclate :

— Mais ce n'est pas moi, je vous dis ! Ce n'est pas moi ! *H'ass vechalom*[1] *!*

Moché est très laid : il louche, il a la bouche tordue, un gros nez, il boite... Il en souffre terriblement, à tel point qu'un jour il décide de se faire refaire entièrement. Pendant six mois, il subit opération sur opération, il ne voit plus personne. Quand enfin il sort de l'hôpital, il est méconnaissable, c'est un beau gosse, baraqué, le visage parfait de face et de profil, la démarche élégante... Un beau parti, désormais !

Maintenant que le voilà beau, il décide de se marier. Très vite, il trouve la femme de sa vie. Le jour de son mariage, il sort de chez lui fin prêt. Tout à coup, une voiture passe à toute vitesse et l'écrase.

Moché arrive droit au paradis où il demande à parler à Dieu :

— Mon Dieu ! Mais pourquoi m'as-Tu fait ça, à moi ? Je commençais seulement à être heureux ! J'étais enfin beau, j'allais me marier, et Tu me fais mourir ?

Dieu le regarde quelques secondes, très intrigué, puis il éclate de rire :

— Comment, c'est toi, Moché ? Excuse-moi ! Je ne t'avais pas reconnu !

1. « Misère ! Loin de moi cette chose-là ! »

Albert et Moïse jouent tous les jours aux cartes dans un café. Un jour comme les autres, Albert s'écrie tout à coup :

— Tu te rends compte le genre de type que tu dois être si tu viens tous les jours jouer aux cartes avec un type qui vient jouer aux cartes avec un type comme toi ?

Un grand comédien américain disait un jour à un groupe de femmes juives de Miami :

— Surtout n'ayez jamais, au grand jamais, honte d'être juives, parce que ça suffit déjà que moi j'aie honte que vous soyez juives.

8

Le nom

Nous avons montré dans le premier chapitre que la question de l'identité était l'une des questions clefs, une des préoccupations essentielles des Juifs et du judaïsme. L'identité est un problème philosophique, psychologique et sociologique, dont l'un des aspects est le « nom ». L'homme se présente aux regards des autres par son allure extérieure, les particularités des traits de son visage et ses traits de caractère. Beaucoup de citoyens d'un même pays se ressemblent par leur façon de s'habiller, leur manière de parler, et il est souvent très difficile de définir l'appartenance sociologique, et à plus forte raison ethnique ou religieuse, avant de les connaître personellement. Mais dès le premier contact, le nom...

Très souvent ce n'est d'abord qu'une voix, au téléphone, l'interlocuteur demande :

— C'est de la part de qui ?

— C'est de la part de M. Cohen...

— Un instant, s'il vous plaît.

Un instant n'a même pas été nécessaire à votre interlocuteur pour vous identifier. La neutralité de votre visage passe-partout, — sauf pour les pervers détecteurs de nez juifs (impossible au téléphone) — est trahie par votre nom...

— Dobermann, attendez,... ça ne serait pas juif par hasard ?

Un nom allemand, ou russe, ou slave, entendu hors de ses frontières, cela fait tout de suite juif ! Un vrai Allemand reste en Allemagne, un vrai Russe reste en Russie ! Il est bien connu, le « Juif errant » !

Dans ce contexte, les Juifs qui ont fui les persécutions de différents régimes non bienveillants à leur égard décident un beau jour de masquer ce nom qui les trahit si efficacement...

Dans ce domaine, l'humour vient souligner la difficulté psychologique de ces changements de nom, et le travail de l'inconscient qui rattrape une identité à la dérive...

Vers la fin de sa vie, Rabbi Zoussya, maître hassidique, prononça ces paroles :

— Dans le monde qui m'attend, la question qu'on va me poser, ce n'est pas : pourquoi n'as-tu pas été Moïse ? Non. La question qu'on va me poser, c'est : pourquoi n'as-tu pas été Zoussya ?

M. Katzmann change de nom en traduisant : Katz = chat, mann = l'homme.

Il s'appelle dorénavant Chatlhomme.

M. Rabinovitch désire changer son nom en Julius Schmidt, qui fait moins juif. Alors qu'il se dirige vers l'état civil, il ne cesse de se répéter : Julius Schmidt, Julius Schmidt, Iulius Schmi, Schulius Midt... En arrivant devant l'employé, on lui demande d'énoncer le nom qu'il désire prendre. Alors, confus, il bredouille : Schmilius Yid !

Meïr Yacoubowitch décide de changer de nom. Il se présente au bureau de l'état civil, accomplit toutes les formalités, et au bout de plusieurs mois, il est autorisé à s'appeler Paul Dupont. Sans attendre, il se présente de nouveau au bureau d'état civil pour rechanger de nom :

— Mon nom est Paul Dipont, je voudrais changer en Charles Dirand.

— Mais, monsieur, vous venez à peine de changer de nom ! Pourquoi recommencer ?

— Je vais vous expliquer, c'est très simple. Quand on va me demander mon nom, je vais dire Charles Dirand. Alors on va me regarder en rigolant et on va me dire : « Ah ah ! Charles Dirand ! Et avant ? » Alors là, je pourrai répondre : « Paul Dipond. »

Un Juif vient voir un rabbin et lui dit qu'il veut être Cohen.

— Mais, c'est impossible, on naît Cohen, on ne le devient pas !

— Je suis prêt à vous donner 100 000 francs pour cela.

— Vous me donneriez même le double ou le triple, que je ne le pourrais pas, et personne ne le peut. Mais dites-moi, pourquoi voulez-vous être Cohen ?

— Mon grand-père était Cohen, mon père était Cohen, je veux être Cohen, moi aussi [1] !

Debora, jeune fille de bonne famille juive traditionaliste française, est à New York pour perfectionner son anglais à l'université. Là, elle rencontre l'homme de sa vie. Elle veut se marier ! Mazal tov ! Mais il y a un petit problème : c'est un pur Indien, pommettes saillantes, yeux bridés, peau un peu rouge, même pas métissé ! Impossible ! Il n'est pas juif ! La famille s'oppose vigoureusement à ce mariage. Mais Debora est têtue, elle l'épouse malgré son refus. Les parents sont très fâchés, ils ne viennent pas à la cérémonie, ni après pour voir le mari. Un an se passe, ils sont toujours fâchés. Et puis Debora donne naissance à une petite fille. Là, les parents ne résistent plus : ils veulent voir leur petite-fille. Ils ont décidé de garder leurs réflexions pour plus tard. A l'arrivée à l'aéroport, Debora fait les présentations :

1. Être Cohen, pour un Juif, c'est plus que porter le nom. Du temps du Temple de Jérusalem, les Cohanim (pluriel de Cohen) avaient la charge du service sacré au Temple. Depuis la destruction du sanctuaire, les synagogues ont centralisé le culte communautaire, et le Cohen de père en fils assume certaines responsabilités liées au service à la synagogue. Comme le dit le rabbin de l'histoire, on est et on naît Cohen, on ne peut pas le devenir, même en changeant de nom.

— Mon mari, Cheval fougueux, ses parents, Aigle élevé et Rosée abondante. Moi-même, j'ai changé de nom, je m'appelle maintenant Nuage de printemps.

Dans son tipi, elle montre le bébé à ses parents.

— Comme elle est mignonne ! dit le père.

— Elle ressemble à ma tante Colette ! soupire la mère attendrie.

— Oh ! Regarde, elle m'a souri !

— Quelle jolie poupée ! Et comment l'avez-vous appelée ?

— En votre honneur, répond Cheval fougueux, nous lui avons donné un nom de chez vous. Elle s'appelle Carpe farcie !

9

Psychiatrie, psychanalyse et médecine

Certains livres savants sur l'humour parlent des théories psychanalytiques sur l'humour juif. Dans le cadre de ce chapitre nous parlerons des théories de l'humour juif sur la psychanalyse et les psychanalystes.

Le judaïsme et la psychanalyse font bon ménage dès sa création par Freud. De très nombreuses recherches ont été publiées sur les rapports de Freud au judaïsme. Nous renvoyons les lecteurs à l'important ouvrage de Yosef Hayim Yerushalmi : Le Moïse de Freud, judaïsme terminable et judaïsme interminable *(Gallimard, 1993). Au-delà de l'aspect sociologique et historique de cette question, il existe une proximité dans les méthodes d'analyse et surtout dans un certain rapport au langage, une certaine confiance dans la force des mots qui détruisent et construisent, qui peuvent conduire un homme à son anéantissement, et surtout à sa guérison...*

La talking cure, la « cure par la parole » qui fut à l'origine de la découverte de la psychanalyse, est une traduction parfaite de cette proposition talmudique : « La guérison consiste à dénouer les nœuds de la bouche » (Traité Sanhédrin 100a ; sur ce sujet, on pourra consulter Bibliothérapie, Lire c'est guérir, *Le Seuil, 1994).*

Le psychanalyste a d'emblée été accueilli par les Juifs comme l'un des leurs. Certains pensaient même que « psychanalyste » signifiait « docteur » en anglais !

Un élément important du rapport au psychanalyste et au médecin en général est l'investissement financier qui engage le malade ou le simple consultant. Une méchante langue aurait dit qu'il fallait être juif pour vendre à quelqu'un sa propre parole. En dehors de l'aspect ironico-corrosif de cette formule, son contenu n'est pas juste, car ce que vend l'analyste n'est pas sa parole mais son silence, c'est-à-dire son écoute. Plus précisément encore, il vend la rencontre analytique qui permet à une autre personne de produire une « plus-value de sens » qui autrement ne se serait pas produite. « Ce que la situation analytique crée, ce sont les conditions d'une parole qui ne ressemble à aucune autre. Elle va se déployer dans un espace de résonance spécifique que l'on désigne par espace analytique, où elle subira des glissements de sens, des dérives et des permutations de significations où elle acquiert une plus-value de signification appartenant à des valeurs intérieures qui échappent en fait à la pure logique des échanges marchands. Ainsi le prix de la séance est une simple grandeur conventionnelle. Conventionnelle, mais absolument indispensable pour donner du prix à la parole... (On consultera le livre de Serge Viderman, De l'argent en psychanalyse et au-delà, *qui développe ce thème selon plusieurs points de vue fort intéressants — PUF, 1992).*

Le manque me manque, je suis comblé *(Rabbi Yaakov Lacan).*

Un homme très large d'esprit mais étroit de cœur était venu trouver Rabbi Abraham de Stretyn :

— Il paraît que vous donnez aux gens des remèdes spéciaux, et que ces remèdes sont efficaces. Pourriez-vous m'en donner un pour gagner la crainte de Dieu ?

— Pour la crainte de Dieu, je n'en connais aucun. Mais si vous voulez, je peux vous en donner un pour l'amour de Dieu.

— Cela me serait très précieux. Donnez-le, je vous en prie !

— Le remède, dit alors le rabbi, c'est l'amour des hommes.

Hier, j'ai rencontré le psychanalyste dans la rue avec un divan sur le dos. Comme j'exprimais mon étonnement :

— C'est une urgence, m'expliqua-t-il.

Deux psychiatres se rencontrent après une longue journée de travail. Le plus jeune des deux est complètement lessivé, il a les cheveux ébouriffés, les habits froissés, le visage tiré, alors que l'autre donne l'impression d'avoir juste fini sa sieste.

— Tu m'étonnes, Arie, proteste le plus jeune, tu viens de travailler une journée entière et on dirait que tu pourrais commencer une autre journée ! Vraiment, je me demande comment tu fais. Mes patients me rendent fou ; chaque jour ils m'apportent tous les problèmes de la ville entière. C'est sûrement la même chose pour tes patients. Tu ne te sens pas déprimé et fatigué, quand tu es resté assis toute la journée à les écouter ?

— Mais, répond Arie, qui parle de les écouter ?

Dans le cabinet de consultation d'un psychiatre :

— Docteur, c'est terrible, je parle sans arrêt tout seul, toute la journée, je ne peux pas m'en empêcher !

— Des millons de gens parlent tout seuls, ce n'est pas si terrible !

— Oui, mais vous ne savez pas combien je suis emmerdant !

Deux amis originaires de Constantine se rencontrent dans la salle d'attente d'un médecin.

— Comment va ? commence l'un.

— Pas terrible, le mois dernier j'ai dépensé mille francs rien qu'en médicaments.

— Mille francs ! En médicaments ! En un mois ! Là-bas, avec cet argent, tu aurais pu être malade pendant au moins un an !

Un Juif assez radin va consulter un professeur de médecine célèbre. On lui a dit que la première fois on payait cinq cents francs, et les fois suivantes seulement la moitié. Aussi, lorsqu'il entre dans le cabinet, il prend un ton enjoué :

— Bonjour, docteur, c'est encore moi !

Le professeur l'ausculte, l'interroge, prend les deux cent cinquante francs, puis, en souriant :

— Rien de nouveau, suivez le même traitement que la dernière fois.

— Docteur, j'espère que je suis malade, parce que je n'aimerais pas me sentir aussi mal si je suis en bonne santé !

Une femme d'un âge respectable se rend chez le médecin. Celui-ci l'examine et finit par lui dire :

— Même avec tous les progrès de la médecine, je ne peux pas vous rajeunir, j'en suis désolé.

— Mais je ne vous ai pas demandé de me rajeunir ! Je vous demande de m'aider à bien vieillir !

Mme Stein, brave yiddish mamé en pleine forme, une bague à chaque doigt et j'en passe, est en visite chez son médecin de famille.

— Docteur, j'ai beau faire, je suis toujours malade, je me sens mal !

— Écoutez-moi, madame Stein, je sais comment vous guérir. Là vous avez quelques bagues, des bricoles, mais vous avez bien d'autres bijoux à la maison ?

— Mais évidemment, docteur, comment pouvez-vous penser...

— Alors mettez tous vos bijoux et revenez me voir.

Mme Stein revient, croulant sous les bijoux : des bracelets, des colliers, des boucles d'oreilles, des bagues, cinq à chaque doigt !

— Bien, madame Stein. Vous avez bien un manteau de vison, n'est-ce pas ?

— Bien sûr, mais... nous sommes en été, et...

— Mettez votre manteau de vison et revenez me voir.

Elle revient avec les bijoux et le manteau de vison.

— Bien, madame Stein. Vous avez aussi sûrement un manteau de renard argenté ?

— Oui, mais...

— Mettez votre manteau de renard argenté et revenez me voir, madame Stein.

Elle revient, suffoquant de chaleur, sous ses bijoux et ses manteaux. Elle met ainsi successivement encore le manteau en peau de loutre, la zibeline, l'hermine...

C'est une montagne valant son pesant d'or.

— Bien, madame Stein. Vous vous sentez bien, maintenant ?

— Oh, docteur, je ne me suis jamais sentie aussi bien de ma vie, vous m'avez guérie !... Docteur, puis-je vous poser une question ?

— Mmm.

— Comment faites-vous pour guérir les goyim ?

M. Cohen consulte un psychanalyste :

— J'ai un problème, il y a quelqu'un sous mon lit.

— Vous avez regardé ?

— Oui, mais chaque fois que je regarde, il s'en va, ce qui fait que je ne le vois pas. Et dès que je ne regarde plus, il revient. Ça m'empêche de dormir, je suis tellement fatigué que je n'arrive plus à travailler, je vais être renvoyé de mon job si ça continue.

— Vous avez besoin d'une thérapie, monsieur Cohen. Venez me voir deux fois par semaine.

— Mais combien de temps cela va durer ?

— Je ne sais pas, monsieur, trois semaines, comme trois ou six mois ou même quelques années.

— Aïe, aïe, aïe ! Et combien ça coûte ?

— Deux cent cinquante francs la séance.

— Je vais me ruiner, mais pour l'instant je n'ai pas le choix. OK.

Pendant quelque temps, M. Cohen se rend régulièrement chez son psychanalyste, deux fois par semaine. Au bout d'environ cinq semaines, il cesse brutalement ses consultations, sans prévenir, sans explications. Six mois plus tard, le psychanalyste rencontre son ex-patient dans la rue. Il lui saute dessus :

— Alors, monsieur Cohen ! Ça fait très longtemps que je ne vous ai pas vu ! Vous ne m'avez pas donné de nouvelles ! Comment allez-vous ?

— Très bien, merci, répond Cohen honteux.

— Et est-ce que vous réussissez à dormir ou y a-t-il toujours quelqu'un sous votre lit ?

— Non, non, il n'y a plus personne sous mon lit et je dors très bien maintenant.

— Ah ! dit le psychanalyste tout penaud. Et comment avez-vous réussi à... ?

— Je suis allé voir mon rabbin.

— Oui ?

— Il m'a dit de scier les pieds du lit !

Au bout de dix ans d'analyse, Jérémie est guéri, il peut enfin se marier. La nuit de noces se passe dans un superbe hôtel, dans la plus grande suite. Le jeune marié va dans la salle de bains pendant que sa toute jeune femme l'attend. Elle attend une heure, deux heures... Enfin elle se lève, colle son oreille à la porte de la salle de bains pour savoir ce qui se passe, et elle l'entend qui chuchote :

— Il faut à tout prix que je me rappelle que ce n'est pas ma mère, non, ce n'est pas ma mère...

Le jeune Abramowitch, frais émoulu de la faculté de médecine, vient de s'installer. Tout fier, il attend ses premiers clients. Arrive un homme. Il le conduit à la salle d'attente et le fait attendre, tout en laissant la porte ouverte. Il appelle l'hôpital et s'entretient longuement avec un chef de clinique. Ensuite il appelle un fournisseur et prolonge à plaisir sa discussion, posant maintes questions superflues. Il appelle enfin un collègue afin de se faire seconder parce qu'il est déjà débordé de travail. Finalement, l'ayant fait suffisamment patienter, il va chercher son client dans la salle d'attente :

— Je vous écoute, monsieur.

— Eh bien, je suis le technicien des Télécom, je viens brancher votre ligne de téléphone !

Cohen a été en analyse pendant dix ans, quatre fois par semaine. A la fin de cette période, son analyste lui dit qu'il n'a plus besoin de venir, ils ont terminé leur travail. Cohen est très angoissé.

— Je suis devenu très dépendant de ces séances, je ne peux pas arrêter comme ça.

— Écoutez, je vous dis que vous pouvez tout à fait vous débrouiller seul à présent. Si vous avez le moindre problème, n'hésitez pas à m'appeler à n'importe quelle heure, je vous donne mon numéro de téléphone chez moi.

Quinze jours plus tard, à 5 heures du matin le dimanche, Cohen appelle son analyste chez lui.

— Docteur, j'ai fait un cauchemar affreux. J'ai rêvé que vous étiez ma mère. Je me suis réveillé avec un horrible malaise.

— Qu'avez-vous fait alors ?
— J'ai analysé mon rêve comme vous m'avez appris à le faire.
— Et ensuite ?
— Je n'ai pas réussi à me rendormir, alors j'ai pris un petit déjeuner.
— Qu'avez-vous pris ?
— Un petit café.
— Et c'est ça que vous appelez un petit déjeuner ?

M. Abitbol se rend chez le psychiatre :
— Docteur, ma femme se prend pour moi, est-ce qu'on peut faire quelque chose ?
— Il faut que je la voie, amenez-la donc.
— Ce n'est pas la peine, docteur, puisque je suis là.

Mme Chekroun est en consultation chez le psychiatre :
— Docteur, mon mari se prend pour un réfrigérateur, est-ce que c'est grave ?
— Non, pas du tout, si ça ne vous dérange pas.
— C'est-à-dire que ça ne me dérange pas, sauf la nuit, parce qu'il dort la bouche ouverte, et la petite lumière au fond reste allumée tout le temps.

Mme Samuelsohn arrive à une consultation de psychologie et se met à expliquer au praticien :
— A la vérité, je ne sais pas pourquoi je suis venue, mais toute ma famille m'y a obligée. Je ne comprends vraiment pas pourquoi. Tout compte fait, si j'aime les crêpes, il n'y a pas de mal à cela, vous ne croyez pas ?

— Il n'y a aucun mal à cela, bien sûr. J'aime beaucoup les crêpes, moi aussi.

— Extraordinaire ! s'écrie Mme Samuelsohn. Alors je vous invite dès ce soir à la maison, j'ai quelques milliers de crêpes ! C'est simple, mes armoires sont pleines de crêpes !

M. Feinmann, malade imaginaire s'il en fut, se rend chez un jeune médecin pour un bilan approfondi. Le médecin l'examine des pieds à la tête puis livre sa conclusion :

— Monsieur, vous êtes en parfaite santé !

— Co... co... comment ? Et mon estomac ?

— Il va très bien.

— Et mon foie, mes reins, mon cœur... ?

— Tout va bien.

— Ah ! Vous ne voulez pas me le dire ! J'ai une maladie grave !

— Pas du tout, monsieur, vous n'avez aucune maladie, tout va bien.

— Docteur, vous croyez connaître les maladies mieux que moi ?

— Évidemment, je suis médecin !

— Ah oui, et depuis combien de temps ?

— Depuis sept ans.

— Vous voyez ! Vous n'êtes médecin que depuis sept ans et moi, ça fait quarante ans que je suis malade !

Élie se rend chez un grand spécialiste d'excellente réputation. A la fin de la consultation, Elie demande, inquiet :

— Alors, docteur, quelle est ma maladie ?

— Vous n'êtes pas malade du tout.

— Je ne suis pas malade ? Et mes terribles maux de tête alors, qui me font tant souffrir ?

— Je ne suis pas du tout inquiet pour vos maux de tête.

— Écoutez, docteur, si vous souffriez de maux de tête, moi non plus je ne serais pas inquiet pour eux !

Chaoul rencontre David :

— J'ai appris que tu avais été très malade. Aucun docteur n'a pu t'aider ?

— Non, il m'a dit de boire une grande bouteille de whisky après un bain bien chaud.

— Et tu as fait ce qu'il t'a dit ?

— Je n'ai pas réussi à boire le bain chaud.

Le docteur téléphone à Momo, très en colère :

— Votre chèque d'il y a deux jours est revenu !

— Mes rhumatismes sont revenus eux aussi, répond patiemment Momo.

Yossi souffre d'une maladie grave et rarissime. Les médecins lui ont prescrit du lait de femme, pensant que seul ce traitement pourra le sauver.

— Et où trouverai-je du lait de femme ? demande Yossi au médecin.

— Rivka vient d'accoucher, elle a plein de lait. Allez lui demander.

Effectivement, Rivka accepte d'allaiter Yossi, et ainsi Yossi vient chaque jour boire le lait aux gros seins de Rivka.

Un jour, Rivka se sent très excitée. Elle caresse les cheveux de Yossi et lui murmure :

— Yossi, dis-moi, ça te fait plaisir ?

— Mmm, beaucoup ! répond Yossi.

Un grand sourire éclaire le visage de Rivka, dont le désir grandit :

— Et peut-être que tu voudrais juste quelque chose en plus, pour que ton plaisir soit complet ?

— Oh oui ! murmure Yossi.

— Quoi donc ? halète Rivka.

Yossi mouille ses lèvres et :

— Un petit biscuit, peut-être...

10

Les pauvres, les riches

Dans le monde du shtetl ou du mellah où se développe l'humour juif, il existe un personnage clef qu'on appelle le shnorrer. C'est un personnage intermédiaire entre le mendiant et le bouffon. Il a souvent l'allure d'un clochard, mais il peut aussi revêtir des allures de grand seigneur, comme le célèbre personnage du livre d'Israël Zangwill publié en 1883 : Le Roi des shnorrers.

Comme le note Leo Rosten, le shnorrer n'est pas un mendiant médiocre, ni un clochard ordinaire. Il n'est pas honteux, il ne pleure pas sur son sort. Il se considère comme un homme de l'art, un professionnel. Ce n'est pas l'aumône qu'il demande ; il compte sur la reconnaissance de sa position sociale, voire sur l'éloge de son talent. Il se croit indispensable puisqu'il permet aux autres de réaliser la mitsva[1] *de tsedaqa, c'est-à-dire de bienfaisance. Le shnorrer n'est pas un imbécile ou un illettré, son savoir est souvent plus vaste que celui des personnes à qui il demande de l'argent. Excellent conteur, il fait circuler blagues et histoires en tous genres. Il introduit un mouvement d'échanges financiers et culturels au sein de la communauté. Dialectique d'échange entre le riche et le pauvre, où s'entend la mesquinerie des uns, la tendresse des autres..*

Dans ce contexte, le riche joue le rôle de faire-valoir pour ce personnage parfois plus proche d'un personnage de vaudeville ou d'une pièce de Molière qu'un vagabond du shtetel ou du mellah. Le riche devient lui-même caricature, et prend le nom générique de Rothschild. Shnorrer et Rothschild sont les deux acteurs de cette comédie que certains nomment la vie.

Rabbi Mikhal était extrêmement pauvre, si pauvre que sa femme n'avait point de souliers et confectionnait elle-même ses chaussures. Le rabbi jeûnait d'un Chabbat à l'autre. Comme source de subsistance, ils ne possédaient qu'une pauvre vache dont ils vendaient le lait chaque matin. Un jour, alors que Rabbi

---

1. Obligation de la Torah.

Mikhal était déjà parti, la vache resta couchée et refusa de se lever. Rien n'y fit : les heures d'efforts pour la ranimer ne donnèrent aucun résultat. La femme du Rabbi se résolut à appeler un paysan pour récupérer au moins la peau. Il allait juste commencer son travail, lorsque Rabbi Mikhal rentra chez lui. Comprenant d'un coup d'œil la situation, il s'approcha de la vache et, la caressant doucement de sa main, il lui murmura :

— Hé ! Debout, toi ! Il faut penser un peu à nous !

Et la vache se releva aussitôt.

Un homme très riche était venu chez le Rabbi Israël de Kosnitz, pour demander conseil.

— Que manges-tu ? lui demanda le rabbi.

— Oh ! Je mange de façon très frugale : du pain, du sel et de l'eau me suffisent.

— En voilà une idée, gronda le rabbi. Tu dois manger bien et boire de l'hydromel, puisque tu es riche.

Le visiteur partit après avoir promis de se conformer à la recommandation. Les disciples, étonnés, demandèrent la raison de cette étrange consigne.

— S'il mange de la viande, il saura que les pauvres ont besoin de pain. Alors que s'il se nourrit de pain lui-même, il va s'imaginer que les pauvres doivent manger des pierres !

Un pauvre Juif trouve un jour dans son village une bourse contenant cinq cents roubles. La même semaine, il entend une annonce à la synagogue : le Juif le plus riche du village a perdu sa bourse et est prêt à offrir cinq roubles de récompense à celui qui la lui rapportera. Le pauvre se rend immédiatement chez le propriétaire de la bourse et la lui remet. L'homme compte et lui dit :

— Je vois que tu t'es déjà payé.

— De quoi parlez-vous ? s'étonne le pauvre homme.

— Cette bourse contenait cinq cent cinquante roubles lorsque je l'ai perdue.

— Tout à fait faux ! proteste l'autre.

Les deux hommes discutent un moment, puis décident de porter l'affaire à la connaissance du rabbin. Chacun raconte sa version de l'histoire, et le riche conclut :

— Bien sûr, monsieur le rabbin, c'est moi que vous croyez.

— Bien sûr, répond le rabbin.

Le riche triomphe et le pauvre est écœuré. Le rabbin prend alors la bourse et la donne au pauvre.

— Eh ! Que faites-vous ? s'insurge le riche.

— Vous êtes honnête, je l'ai bien vu, réplique le rabbin, et si vous dites avoir perdu une bourse contenant cinq cent cinquante roubles, c'est certainement vrai. Mais si l'homme qui a trouvé cette bourse était un voleur, il ne serait pas venu la rendre. Donc j'en conclus que cette bourse doit appartenir à quelqu'un d'autre. Si cette personne se fait connaître, elle récupérera sa bourse et son argent. Sinon, la bourse restera chez celui qui l'a trouvée.

— Et mon argent, alors ? s'inquiète le riche.

— Eh bien, il ne reste qu'à attendre que quelqu'un trouve une bourse contenant cinq cent cinquante roubles.

Un pauvre Juif se rend un jour chez le banquier Rosen, réputé pour son avarice, et commence à lui raconter ses misères.

— Mes enfants, que Dieu les garde, sont tous malades, ma pauvre femme a les jambes tellement gonflées qu'elle ne peut plus marcher, ma mère est immobilisée sur son lit à gémir toute la journée, ma sœur...

Les larmes aux yeux, Rosen appelle son domestique :

— Jean, cet homme a tant de malheurs, c'est vraiment terrible de l'entendre, s'il continue je vais fondre en larmes, aussi dois-je vous demander de le jeter dehors immédiatement !

Un schnorrer demande à un passant dans la rue :

— Une petite pièce, monsieur ?

— Je ne sors jamais mon porte-monnaie dans la rue !

— Ah ouais ! Il faudrait peut-être que j'ouvre un bureau pour Môssieu !

— Qui est le plus malheureux, de celui qui a sept filles ou de celui qui est multimilliardaire ?

— C'est le deuxième, parce que celui qui a sept filles, Dieu les bénisse, il n'en veut pas plus !

Isaac entre dans le restaurant de Saül et commande un repas pantagruélique : potage et crudités, deux plats, trois desserts.

— As-tu de quoi payer ? demande Saül.

Il faut dire qu'Isaac répond toujours qu'il n'a rien sur lui mais qu'il paiera la prochaine fois, c'est-à-dire qu'il n'a jamais payé. Cette fois encore, il fouille ses poches : il n'a pas un sou.

— Eh bien, Isaac, tu peux partir, on ne te servira pas, la maison ne fait plus crédit.

— On ne me servira pas ? répète Isaac, incrédule.

— On ne te servira pas, confirme Saül.

— Ah ! crie Isaac, furieux, on ne me servira pas ! Ah, c'est comme ça ! Eh bien, je ferai comme faisait mon grand-père ! Oui, je ferai comme mon grand-père ! Je n'aurai pas le choix !

Il crie et hurle dans tout le restaurant, tout le monde a peur, les clients se lèvent pour partir, si bien que Saül essaie de le calmer. Il l'invite à s'asseoir et le fait servir. Quand son repas est terminé, Saül demande à Isaac :

— Et que faisait donc ton grand-père ?

— Ce que faisait mon grand-père ? Il allait se coucher sans manger.

Mendel le clochard frappe à la porte de Mme Ginsburg.

— Madame, j'ai faim. Donnez-moi quelque chose à manger.

— C'est que je n'ai presque rien, là. Voudriez-vous les boulettes d'hier soir ?

— Oui !

— Alors revenez demain !

Chez la voisine de Mme Ginsburg, le même clochard :

— Madame, je n'ai rien mangé depuis trois jours.

— Oh le pauvre ! Il faudrait faire un petit effort !

Menahem le mendiant demande l'aumône au banquier Shimon.

— Impossible, répond celui-ci, j'ai déjà assez d'entretenir mon frère.

— Pourtant, proteste Menahem, votre frère se plaint que vous le laissez sans le sou.

— Allons, Menahem, tu ne voudrais pas que je te donne de l'argent alors que je laisse mon propre frère sans le sou !

Un schnorrer a réussi à convaincre un homme riche de lui donner un peu d'argent. Peu après, le riche aperçoit son schnorrer attablé dans un restaurant luxueux, en train de déguster du caviar. Furieux, il entre dans le restaurant et reproche au schnorrer de dépenser son argent pour un aliment si cher.

— Mais, rétorque le schnorrer, quand je n'ai pas d'argent, je ne peux pas manger de caviar, et quand j'en ai, je ne devrais pas en manger ? Alors, quand donc pourrais-je en manger ?

Un pauvre homme plein d'esprit, souffrant de problèmes cardiaques, se rend chez le spécialiste le plus cher sur la place. Au moment de payer, l'homme déclare qu'il n'a pas d'argent.

— Mais alors, pourquoi êtes-vous venu chez moi ? demande le médecin, vous savez bien que je suis le plus cher du coin ?

— Docteur, rien n'est trop cher quand il s'agit de ma santé.

Un homme très pauvre, un vrai clochard, passe dans une rue où se dégage à côté d'un restaurant une odeur, une odeur... à vous couper le souffle ! Un rôti cuit à point, qu'on est en train de couper, et qui fume ! Comme il sent bon ! Le pauvre homme n'a pas mangé depuis trois jours, alors il s'arrête et hume avec délice le merveilleux fumet. Le patron du restaurant le surprend à ce moment et l'apostrophe :

— Toi, le clochard ! Tu as senti mon rôti ! Tu dois me le payer !

— Mais je n'ai rien mangé !

— Non, mais tu dois me payer pour l'odeur.

Le patron s'approche de lui d'un air menaçant. Contraint et forcé, le pauvre fouille une dernière fois dans ses nombreuses poches et, miracle, y trouve une pièce de dix sous. Le patron la lui prend immédiatement.

Plusieurs années ont passé, le clochard n'en est plus un, il a même un fils qui a très bien réussi. Un jour, il demande à son fils de manger avec lui dans ce restaurant. Il est très bien habillé, très élégant, si bien que le patron, toujours le même, ne le reconnaît pas et le reçoit obséquieusement. Il commande les plats les plus chers, se fait servir abondamment. A la fin, le patron lui présente l'addition. Alors l'homme sort une pièce d'or de sa poche et la fait tinter sur la table :

— Il y a plusieurs années, tu m'as obligé à payer pour l'odeur qui se dégageait d'un rôti que tu avais fait cuire. Moi, aujourd'hui, pour le repas que j'ai fait, je te paye avec le bruit de ma pièce sur la table.

Un mendiant se présente chez le marchand Bensoussan et demande l'aumône qu'il reçoit habituellement. Mais le maître lui répond qu'il a déjà dépensé tant d'argent pour le mariage de sa fille qu'il ne peut plus rien lui donner.

— C'est très bien, mais il fallait donner votre argent pour le mariage, et pas le mien !

Un schnorrer essaie en vain d'obtenir un rendez-vous chez Rothschild depuis plusieurs jours. En désespoir de cause, il décide de se poster devant les fenêtres de la maison et de crier :

— Ma famille crève de faim et le baron refuse de me recevoir !

Le baron le reçoit et lui donne une somme généreuse, puis il lui conseille :

— Si vous n'aviez pas fait une telle scène, je vous aurais donné le double.

— Mon cher baron, réplique le schnorrer, vous êtes banquier et je ne vous dis pas comment être banquier. Moi je suis schnorrer, alors s'il vous plaît, ne me dites pas comment schnorrer !

Les pauvres, les riches

Pendant la fête de Pessah, un bon Juif se promène. Il rencontre sur son chemin un aveugle qui fait la manche. N'écoutant que son bon cœur, il lui donne une de ses matsot. L'aveugle s'en empare, la touche dans tous les sens du bout des doigts, suit les petits trous, à l'endroit, à l'envers, et au bout d'un moment, furieux, il s'écrie :

— Who wrote this sheet [1] !

M. Rothman vient voir le rabbin Braun :

— Comme c'est triste, vous vous rendez compte, c'est une veuve, avec trois enfants en bas âge, elle doit quatre mille francs de loyer, et si elle ne paie pas d'ici vendredi, le propriétaire la mettra dehors.

— C'est terrible, pauvre femme, dit le rabbin. Je vais faire un appel à la synagogue pour elle, mais en attendant, prenez-donc déjà cinq cents francs de ma part.

— Merci pour elle, monsieur le rabbin.

— Vous êtes généreux, monsieur Rothman, vous êtes de la famille de cette dame ?

— Oh non !

— Alors comment se fait-il qu'elle vous intéresse ?

— Je suis le propriétaire de l'appartement.

Rothschild en voyage passe par la petite ville de Tarnopol. Il s'arrête dans un café juif et commande un petit déjeuner. Lorsqu'il a terminé, la serveuse lui apporte la note.

— Deux cents francs pour deux œufs ! s'exclame Rothschild. C'est impossible ! Les œufs sont si rares que ça dans le coin ?

— Non, répond la serveuse, mais les Rothschild le sont.

1. En anglais, le mot *sheet* désigne une feuille et le mot *shit*, qui se prononce presque de la même façon, signifie de la merde ; d'où le jeu de mots intraduisible.

11

La nourriture

Un des éléments fondamentaux de toutes les cultures est la nourriture, l'art culinaire en général. Le cuit est au cru ce que la culture est à la nature. Avant toute chose on pense avec sa bouche, avec ses dents. La nourriture est un des fondements de l'humain dans la mesure où c'est à partir d'elle que l'homme entre successivement dans la parole, puis dans la pensée. La pensée n'émerge qu'avec l'apparition de la négation, c'est-à-dire à partir du moment où dans le continuum du monde, certains objets sont affirmés, introjectés, d'autres rejetés et écartés. Je veux introduire ceci en moi ou l'exclure hors de moi, je veux manger ceci ou le cracher... Les arts de la table construisent des rites alimentaires qui rappellent et transmettent l'histoire du groupe humain concerné en constitutant un aide-mémoire qui assure de façon essentielle la cohésion du groupe.

Les rites alimentaires du judaïsme constituent le domaine du cacher, *c'est-à-dire de ce qui est apte à la consommation. L'interdiction fondamentale, en dehors des espèces d'animaux interdits, est celle du mélange du lait et de la viande, ou des nourritures à base de lait avec des aliments à base de viande. Seuls sont autorisés les animaux qui ruminent et ont les sabots fendus, les oiseaux non rapaces, et les poissons qui possèdent des écailles et des nageoires.*

Avec l'humour alimentaire nous entrons dans l'alliance des mets et des mots...

Mme Wolf rencontre Mme Blum au marché :
— Qu'avez-vous acheté aujourd'hui, madame Blum ?
— Devinez !
— Ça commence par quelle lettre ?
— Par un K.
— Des krévettes ?
— Non, des krévisses !

La nourriture

Hanna se tient à sa porte et remercie ses amies d'être venues à sa petite réception. L'une d'elles la complimente :

— Vraiment, Hanna, vos petits fours étaient si succulents que je n'ai pas pu résister et j'en ai mangé quatre !

— Vous en avez mangé cinq, réplique Hanna, mais qui est-ce qui compte ici ?

Dans une boucherie cachère, on peut assister à la scène suivante :

— Bonjour, Lulu.

— Ah, bonjour, madame Choukroun, ça va ?

— Très bien, merci, je voudrais un kilo de cette viande, mais avant de la peser je voudrais que vous enleviez les os.

— Madame Choukroun, j'achète la viande avec les os, je la vends avec les os.

— Je ne veux pas la payer avec les os.

— D'accord, madame Choukroun, sans os.

— Merci. Vous êtes bien gentil. Maintenant, s'il vous plaît, mettez-moi les os dans un sachet séparé. Merci. Oh, et puis vous savez, j'ai changé d'avis pour la viande, je ne prends que les os, de toute manière, je n'aime pas votre viande.

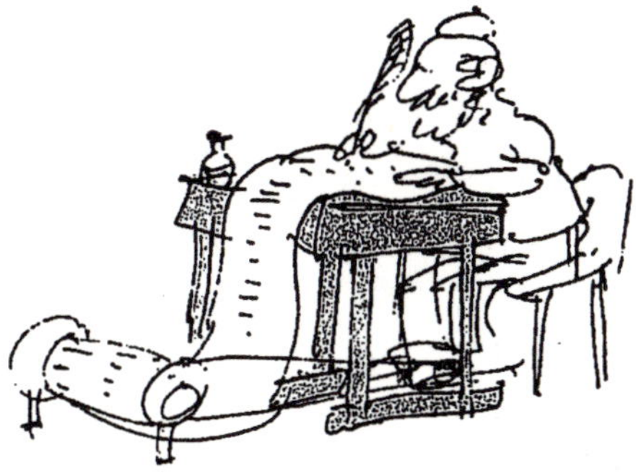

12

Humour israélien

Israël est un petit pays en superficie mais d'une grande étendue culturelle. L'espace et le temps sont démultipliés par une histoire et une géographie qui défient la logique politique et identitaire traditionnelles. A son âge, chaque Juif doit ajouter au moins cinq mille ans, et le nombre de pays que sa mémoire recouvre ne se compte pas sur les dix doigts des deux mains. Nous trouvons en Israël des Juifs de tous les horizons : polonais, russes, marocains, tunisiens, algériens, américains, argentins, chinois, éthiopiens, égyptiens, roumains, italiens, français, anglais, allemands, sud-africains, australiens, espagnols, canadiens... Autant de pays, autant d'origines pour les Juifs qui d'exil en exil se sont installés au cours des âges sur l'ensemble de la planète. Les antisémites verront ici une preuve de l'internationale juive... Laissons parler les sots et les méchants !

Avec cette multitude de nationalités et d'habitudes culturelles qui se côtoient dans ce petit pays qu'est Israël, l'ambiance des rencontres peut parfois devenir explosive. Il y a toujours « un autre » pour focaliser sur lui la critique ou la moquerie. Les particularités des uns amusent les autres et réciproquement. La nationalité d'origine devient, souvent par le biais de l'accent, objet de caricature. Le sujet des conversations tourne souvent autour des rapports entre Israël et les autres nations, rapports conflictuels ou amicaux, qui mettent en évidence les difficultés qu'Israël a de vivre et de survivre au sein de multiples conflits qui n'en finissent pas de finir...

L'humour israélien est souvent un humour de terroir ; on se moque souvent de celui qui habite de l'autre côté de la frontière. Identique mais différent...

Le fait qu'Israël soit un pays balbutiant comporte aussi des aspects qui peuvent faire sourire : sourire tendre devant la fragilité du jeune enfant qui fait ses premiers pas. L'on sait qu'il risque de tomber, mais si on lui met des béquilles avant qu'il apprenne à marcher de lui-même, il ne sera jamais autonome et adulte. Plaisir de le voir marcher à quatre pattes...

Humour scout aussi. Savoir se débrouiller avec les moyens du bord... On rit de l'inventivité déployée pour se sortir d'affaire.

C'est avant l'instauration de l'Etat d'Israël. Un touriste se promène sur les bords de la mer Rouge quand il entend un bruit de voix indistinct et insistant. Intrigué, il s'approche pour déceler d'où vient ce murmure. Et il découvre, derrière des montagnes de briques, une rangée d'hommes qui font la chaîne en disant :

— Merci, professeur.

— Je vous en prie, professeur.

— Merci, professeur.

— Je vous en prie, professeur....

A une station d'autobus du quartier de Méa Chéarim à Jérusalem, montent une femme et son fils. La mère s'adresse en yiddish à l'enfant et celui-ci s'obstine à lui répondre en hébreu. La mère fait d'abord semblant de ne pas comprendre, jusqu'à ce que le petit répète en yiddish. Un passager s'énerve et s'exclame :

— Mais pourquoi obligez-vous cet enfant à parler yiddish ?

— Pour qu'il n'oublie pas qu'il est juif !

A Tel-Aviv, un homme entre dans un immeuble. A peine arrive-t-il au premier étage qu'une porte s'ouvre, une tête couverte de bigoudis fait son apparition, et une voix s'exclame :

— Eh ! si c'est Cohen l'espion que vous cherchez, c'est au troisième étage face !

David Ben Gourion, Premier ministre du gouvernement israélien, proposait à l'un de ses amis le poste de ministre des Colonies.

— Mais, nous n'avons pas de colonies, protesta son ami.

— Et alors ? répondit Ben Gourion, Kaplan est bien ministre des Finances.

David Ben Gourion, Premier ministre, présidait une réception officielle un jour de grande chaleur. Il supportait mal la canicule, aussi se défit-il rapidement de son gilet et de sa cravate, et il commençait à relever les manches de sa chemise lorsque l'un de ses ministres lui fit une remarque :

— David, tu te montres comme ça à une réception officielle ?...

— Oui ! C'est Churchill lui-même qui m'a recommandé cela !

— Comment est-ce possible ? Un Anglais ?

— Oui, un jour j'étais invité à une réception à Londres, il faisait encore plus chaud qu'aujourd'hui. Je n'en pouvais plus, alors j'ai retiré le gilet, la cravate, et j'ai relevé mes manches, et tu sais ce que m'a dit Churchill ? Il m'a dit : David, faites ça plutôt en Israël...

Moché est furieux : ça fait une heure qu'il fait la queue à la banque, et il n'est pas près de passer !

— Je déteste attendre ! crie-t-il à sa femme. Je m'en vais, je vais tuer Ben Gourion !

Une heure après, il revient à la banque, la mine déçue.

— Alors, l'interroge sa femme qui attend encore à la banque, que s'est-il passé ?

— Rien, là-bas la queue est encore plus longue.

Moché Dayan, ministre de la Défense, discute avec le ministre des Finances.

— Tu sais, Moché, la situation économique et politique du pays est très mauvaise.

— Je le sais. As-tu une idée ?

— J'ai une idée, j'ai trouvé un moyen extraordinaire.

— Oui ?

— On déclare la guerre aux Etats-Unis ! Ils nous battent évidemment à plate couture, ils occupent le pays, l'annexent, le colonisent. Tu sais comment ils colonisent : ils nous aideront pour reconstruire le pays, ils développeront les industries, l'agriculture, les écoles, les routes, les hôpitaux, ils nous organiseront une armée ! N'est-ce pas une idée extraordinaire ?

Moché Dayan, glacial :

— Très bien, mais tu as oublié quelque chose.

— ?

— Et si c'est nous qui gagnons la guerre ?

Après la guerre des Six Jours, le président Nixon proposa à Golda Meïr d'échanger le général Moché Dayan contre trois généraux de son choix.

Golda Meïr accepta :

— Nous vous donnons le général Dayan. Et vous nous donnez General Motors, General Electric et General Telephone.

Première devinette.

Quelle est la différence entre un chékel et un dollar ?

Un dollar.

Deuxième devinette.

Comment faire une petite fortune en Israël ?

Il faut venir avec une grande.

Troisième devinette.
Quelle est l'île qui ressemble le plus à Israël ?
C'est l'île de Ré, parce que Ré c'est Sion.

Quatrième devinette.
Qu'y a-t-il de commun entre le « Kotel [1] » et un supermarché ?
Le Mur d'Alimentation.

Un touriste américain visite Beer-Cheva un jour de grande chaleur. Il est prêt à succomber, lorsqu'il arrive devant une charmante petite maison à la porte de laquelle est assis un homme âgé, pionnier bien conservé.

— Hello, pourriez-vous avoir la gentillesse de me donner à boire ?

— Bien sûr, entrez, je vous en prie !

L'Américain entre, se désaltère, puis examine les lieux d'un œil bienveillant :

— C'est mignon, chez vous. Et vous avez combien de terrain ?

— Oh, environ un quart d'hectare devant la maison et un hectare derrière.

— Moi, je suis du Texas, vous connaissez ? Quand je prends ma voiture le matin pour faire le tour de mes terres, je n'ai pas terminé le soir même.

Alors le pionnier, malicieux :

— Oui, moi aussi, j'ai déjà eu une voiture comme celle-là...

1. Le mur occidental vers lequel les Juifs se tournent pour prier.

Un envoyé du bureau d'immigration pour Israël, qui se trouve en Russie, rencontre un candidat, et comme pour tout un chacun, l'interroge sur ses motivations :

— Le salaire ne vous convient pas ?

— Oh, je ne peux pas me plaindre.

— Le travail est trop difficile ?

— Oh, je ne peux pas me plaindre.

— Votre appartement n'est pas confortable ?

— Oh, je ne peux pas me plaindre.

— Mais alors, pourquoi voulez-vous émigrer en Israël ?

— Parce que là-bas au moins, on peut se plaindre !

Un contrôleur du ministère de l'Agriculture mène son enquête dans un kibboutz.

— Qu'avez-vous donné à manger aux poules, ces derniers mois ?

— Du blé.

— Comment, du blé ? Mais c'est interdit par le ministère, vous avez une amende !

L'année d'après, l'inspecteur revient dans le même kibboutz :

— Qu'avez-vous donné à manger aux poules, cette année ?

— De l'orge.

— Comment, de l'orge ! Mais c'est tout à fait interdit par le ministère ! Vous aurez une amende !

Chaque année, l'inspecteur passe et le responsable des poules a toujours tort, qu'il donne à ses poules du maïs, de l'épeautre, du millet, du seigle ou autre chose. A la fin, le kibboutznik en a assez, et décide de se débarrasser de cet inspecteur.

— Qu'avez-vous donné à manger à vos poules, cette année ?

— Vous savez, cette année, je leur ai donné de l'argent et je leur ai dit de se débrouiller toutes seules !

Pendant une alerte de la guerre du Golfe, un groupe de voisins se retrouve dans le même abri. Un des hommes se rend compte tout à coup qu'il a oublié son dentier chez lui.

— Oh zut ! J'ai oublié mon dentier, je remonte le chercher !

Son voisin, goguenard :

— Et pourquoi t'en aurais besoin ? Tu crois qu'ils vont t'envoyer des sandwichs ?

Entendu à la télévision israélienne : « Les idéologues israéliens sont passés sans transition des théories de Marx et Engels à celles de Marx et Spencer. »

Une vieille dame monte dans un autobus israélien avec un chien dans les bras. Le conducteur lui fait payer une place pour son animal, alors elle demande :

— Puisque je paie un billet pour mon chien, il pourra occuper une place normale ?

— Evidemment, répond le chauffeur, goguenard, à condition de ne pas mettre les pieds sur les sièges !

Aphorisme à propos de la façon de conduire des Israéliens :

Il vaut mieux être en retard dans ce monde qu'en avance dans l'autre.

Un conducteur d'autobus israélien et un rabbin meurent le même jour. Un fois leurs cas examinés par le tribunal céleste, le chauffeur est admis immédiatement au paradis, tandis que le rabbin doit attendre. Il est outré :

— Je connais ce chauffeur, je peux certifier qu'il n'était pas du tout religieux, alors que moi, j'ai donné un cours de Talmud chaque jour !

— C'est tout à fait vrai, lui répond l'ange, mais quand tu enseignais le Talmud, tu endormais tes élèves, alors que, quand le chauffeur conduisait son autobus, tout le monde priait.

Un touriste en visite en Israël se renseigne dans la rue pour savoir où se trouve le Mur des Lamentations. Il baragouine bien un peu d'hébreu, mais il a oublié l'expression. Il arrête un passant et lui demande :

— Où est donc cet endroit, où on va pour pleurer, et où on écrit ses désirs sur un petit bout de papier ?

Et l'Israélien de lui indiquer la direction :

— Vous voulez parler du percepteur ? C'est par là !

Un très gros donateur potentiel pour l'Appel unifié juif vient d'arriver en Israël. Le ministre du Tourisme lui délègue un excellent guide en lui recommandant de montrer à cette prometteuse personne tout ce qu'elle désire voir.

Durant une semaine, le guide conduit le visiteur partout dans le pays. Ce dernier exprime le souhait de voir conduit à la tombe du soldat inconnu. Cela n'existe pas en Israël, aussi en improvise-t-on une rapidement dans un cimetière militaire. On y conduit le riche touriste, qui s'aperçoit immédiatement que sur le côté de la pierre tombale, est gravée l'inscription : Natanaël Castro, 1915-1948. Il se tourne vers le guide :

— Est-ce là la tombe du soldat inconnu ?

— Oui, c'est bien cela.

— Mais il y a son nom sur la pierre !

— Oui, comme boulanger il était très connu, mais comme soldat il était inconnu.

C'est un Géorgien qui veut acheter une télévision à Tel-Aviv. Il entre dans un magasin et désigne l'appareil :

— Je veux cette télévision.

A sa grande surprise et déception, le marchand lui oppose un refus :

— Non, je ne vends pas aux Géorgiens.

Le Géorgien se déguise en hassid : grand manteau noir, barbe et papillotes, et retourne dans le magasin. Il désigne l'objet de ses désirs. Mais le commerçant hoche la tête :

— Non, je ne vends pas aux Géorgiens.

Le bonhomme se déguise en Arabe et retourne. Le vendeur persiste à opposer un refus catégorique. Il se déguise en Américain, en kibboutznik, en rabbin, rien n'y fait. Toujours cette réponse exaspérante :

— Non, je ne vends pas aux Géorgiens.

A la fin, il éclate :

— Mais enfin, comment savez-vous que je suis géorgien ?

— Parce que, répond le commerçant, il n'y a qu'un Géorgien pour me dire qu'il veut acheter une télévision en me montrant un four à micro-ondes !

Roni, jeune Israélien, accompagne son cousin américain à l'aéroport pour son départ.

— Alors, demande Roni, comment ça t'a plu, Israël ?

— Magnifique ! répond le cousin. Une seule chose m'a gêné : les gens ici ne parlent que d'argent, de maisons, de nourriture. Aux Etats-Unis, on parle musique, littérature, art.

— Bien sûr, réplique Roni, chacun parle de ce qu'il n'a pas !

A Tel-Aviv un homme est sur le point de se jeter à la mer depuis une hauteur. Il est retenu au dernier moment par un homme qui le supplie :

— Quoi ! Un homme comme vous, fort et en bonne santé, veut se jeter à l'eau ?

— Je veux mourir, laissez-moi mourir !

— Je vous en prie, écoutez-moi : si vous vous jetez à l'eau pour vous noyer, et que moi je suis à côté, je serai bien obligé de sauter après vous, n'est-ce pas ? Or je ne sais pas nager, ce serait dommage pour ma femme et mes enfants. Vous ne trouvez pas ? Alors, je vous en supplie, rentrez chez vous, assurez-vous que vous êtes bien seul, et là, au chaud, pendez-vous !

Un jeune Israélien prend pour la première fois de sa vie l'avion avec son père. Direction Europe. Quand ils survolent la Grèce, l'enfant regarde par la fenêtre et demande :

— Papa, comme c'est grand ! Est-ce que ce sont des Juifs qui habitent ici ?

— Non, mon fils, ce sont des chrétiens.

— Ah...

Ils survolent l'Italie :

— Papa, et là, ce sont des Juifs ?

— Non, mon fils, ce sont des chrétiens.

— Ah...

Au-dessus de la France :

— Papa, y a-t-il des Juifs, ici ?

— Non, mon fils, ce sont surtout des chrétiens.

L'enfant réfléchit puis s'exclame :

— Papa, comme ils sont dispersés, les chrétiens !...

Les nouveaux immigrants, c'est connu, ne paient pas de taxes sur ce qu'ils apportent pour s'installer lorsqu'ils arrivent. Cela donne lieu parfois à des abus, comme on va le voir.

Un jour, un immigrant se présente avec cinq réfrigérateurs ! Surprise du douanier. L'immigrant s'explique :

— J'ai besoin d'un frigo pour la viande et d'un pour le lait [1].

— Ça fait deux !

— Oui, mais j'en ai deux aussi pour la fête de Pâque, puisqu'on utilise des ustensiles différents de ceux de toute l'année !

— Ça ne fait que quatre !

— Hum ! fait l'autre, gêné. Le cinquième, c'est pour le jour où j'aurai envie de manger du porc...

Avec les récents accords de paix, Israël est de mieux en mieux accepté dans le concert des nations et reçoit une invitation à participer aux jeux Olympiques d'hiver. Durant une séance houleuse, les députés israéliens s'inquiètent car il n'y a aucun skieur d'élite dans le pays. Un des députés de la Knesset s'engage à en préparer un pour les prochains Jeux. A l'issue de la séance, il sort dans la rue et trouve un jeune Loubavitch. Il le persuade d'apprendre à skier et de représenter son pays à l'étranger. Le jeune homme accepte et voilà les deux compères sur les pistes des montagnes du Golan, des plus difficiles aux plus dangereuses. L'apprenti skieur est si enthousiaste qu'il pulvérise tous les records. A l'approche des Jeux, il est fin prêt. Il est sélectionné pour une épreuve de slalom. A la stupéfaction de tous ses supporters, il s'arrête à chaque piquet et finalement il arrive le dernier. Son entraîneur lui demande des explications :

— Ouri, que s'est-il passé ? Je ne comprends pas, tu étais si bon au pays et ici tu t'es montré vraiment nul !

— J'aimerais bien attraper l'imbécile qui a placé une mezouza [2] à chaque porte !

1. Il est interdit dans la religion juive de mélanger le lait et la viande.

2. Petit étui contenant un parchemin sur lequel sont écrits des passages de la Bible hébraïque, que l'on pose au linteau des portes, dans les maisons juives.

13

Mariages et Chidouh'im

Avec les mères juives, le mariage et ses difficultés est l'un des sujets de prédilection de l'humour juif. Cela vient certainement du fait de la présence d'un personnage mi-filou mi-commerçant, le chadh'an *ou le marieur, qui travail jour et nuit pour vanter et vendre sa marchandise. Mais le commerce des cœurs n'est pas si facile, surtout quand viennent s'y greffer des problèmes d'argent, de dot et de promesses, où se mêlent et s'entremêlent étroitement des problèmes d'éthique et d'esthétique.*

Ces histoires sont donc datées historiquement : une période où les jeunes gens et les jeunes filles ne se mariaient pas, mais étaient mariés, parfois contre leur gré si d'aventure ils avaient connu d'autres amours que celui que l'on voulait leur imposer. Le marieur est un magicien qui voit des qualités là où il n'y en a pas, qui tranforme les laiderons en splendides beautés, et des pauvresses en filles de princes imaginaires. Le chadh'an est presque aussi talentueux que le shnorrer, en tout cas tout autant un des héros de la vie juive traditionnelle...

Moïché va trouver le chadh'an avec une demande très particulière :

— Je veux une véritable sorcière, quelqu'un dont personne ne veut. Peux-tu me trouver ça ?

— Je vous trouve ce que vous voulez, il n'y a pas de problème.

Quelques jours après, le chadh'an annonce à Moïché :

— Je vous ai trouvé exactement ce que vous désirez : une yah'né[1] comme on n'en fait plus. Elle est tellement dégoûtante que personne ne l'approche. Elle est tellement grossière que personne ne lui parle. Elle est tellement voleuse que personne ne laisse sa porte ouverte quand elle approche. C'est ça que vous voulez ?

— Exactement ! Je veux la voir tout de suite !

1. Une emmerdeuse, et même un peu plus.

Cinq minutes après, Moïché l'a vue et a pris sa décision : il se marie avec elle. Ce qui est fait dès le lendemain. A la sortie de la cérémonie du mariage, le chadh'an, dévoré de curiosité, demande à Moïché la raison d'une décision aussi étrange.

— J'ai entendu, répond Moïché, que plus on souffre sur terre, plus on a de chance pour après d'aller au paradis.

Quinze jours après, Moïché retourne chez le chadh'an :

— Tu m'as roulé, ce n'est pas du tout une yah'né, viens voir par toi-même !

Le chadh'an doit se rendre à l'évidence : la maison est étincelante, on ne peut pas reprocher le moindre grain de poussière, la femme se montre tendre et prévenante avec son mari, elle est elle-même très propre, elle sent bon, elle n'a plus rien de commun avec la souillon d'avant le mariage. Il ne comprend rien. Que s'est-il passé ?

— Ce qui s'est passé ? Je vais te le dire, susurre l'épousée : je l'ai entendu, ce Moïché, t'expliquer après la cérémonie du mariage pourquoi il m'avait choisie, moi la souillon, la yah'né, parmi toutes les filles de la ville. Alors j'ai décidé que celui-là, il irait en enfer !

On vient de proposer à Aaron une jeune fille dont on lui dit le plus grand bien : elle est belle, intelligente et riche. Il envoie le chadh'an mener sa petite enquête. A son retour, le chadh'an déclare :

— Cette jeune fille, ça ressemble fichtrement à l'affaire Dreyfus !

— Comment ça ?

— Eh bien, elle prétend être innocente, mais les officiers du mess pensent tous le contraire !

— Écoutez-moi, monsieur Bloch, cette fois j'ai vraiment une jeune fille qui pourrait tout à fait vous convenir. Regardez cette photo, n'est-elle pas jolie, cette petite brune ?

— Mais je la connais, n'est-ce pas Léa Rosenblum, la fille du bijoutier ?

— Exactement ! Et savez-vous à combien se monte sa dot ? Trois millions !

— Oui, mais je l'ai déjà vue une fois, et j'ai eu l'impression qu'elle boitait. Boite-t-elle toujours ?

— Non, pas toujours, seulement quand elle marche.

Un jeune homme rencontre une jeune fille sous les auspices d'un chadh'an. Dès le début de la rencontre, le jeune homme explose en chuchotant :

— Vous m'avez raconté n'importe quoi ! Vous m'avez dit qu'elle était jeune, belle, fine comme un mannequin, et comme je la vois elle a au moins dix ans de plus que moi, elle est moche à faire peur et elle est grosse comme une patate !

— Vous pouvez parler plus fort, glisse le chadh'an, elle est sourde.

Après de nombreux essais infructueux, le chadh'an annonce à un jeune célibataire :

— Écoutez, j'ai exactement la fille qu'il vous faut ! Elle est superbe !

— Mais vous ne comprenez pas que je ne veux pas me marier ?

— C'est impossible ! Vous, un jeune Juif ! Mais c'est une mitsva !

— Mais pourquoi aurais-je besoin d'une femme ? Je suis libre et heureux.

— Ah, je vois que vous déraisonnez. Sans femme, vous ne pouvez pas être heureux. Vous êtes seul, sans personne avec qui parler. Imaginez, le matin, elle vous apporte au lit une tasse de café chaud. Elle vous a mitonné un excellent repas pour votre retour du travail, vous mangez ensemble en bavardant. Le vendredi soir, la maison sent bon et étincelle de propreté, c'est merveilleux le mariage. Elle allume les bougies de Chabbat, elle vous raconte ce qu'elle vous a préparé pour les trois repas ; elle met la table et elle parle, elle apporte le vin et elle parle, elle apporte les h'alloth [1] et elle continue à parler. Vous vous asseyez pour le repas et elle parle, elle parle, elle parle, elle parle, mon Dieu comme elle est bavarde, elle me rend fou tellement elle parle !

Albert rencontre Roger :

— Tu sais, Roger, j'aimerais bien me marier, je m'ennuie.

— Ben, dis donc, Bébert, tu ne t'es pas regardé, quelle femme pourrais vouloir de toi !

— T'exagères !

— Tu es bossu, tu es borgne, et par-dessus le marché tu boites ! Il faudrait être folle pour t'épouser !

— Je la prends, même folle !

Un chadh'an tente d'impressionner un jeune homme en lui racontant monts et merveilles sur la richesse de la famille de la jeune fille qu'il vient de rencontrer.

— Les parents m'ont semblé bizarres et mal à l'aise avec moi, remarque le jeune homme.

— Imaginez la dot ! Vous avez vu les tableaux accrochés aux murs ?

1. Pain traditionnel du Chabbat.

— J'ai vu la peinture abîmée et des lézardes sur les murs.
— Vous avez vu comme elle est jolie ? Comme elle vous regardait !
— Et toute cette argenterie... Splendide !
— On aurait dit que ça ne leur appartenait pas. Vous ne croyez pas qu'ils ont pu l'emprunter juste pour m'en mettre plein la vue ?
— Certainement pas ! s'écrie le chadh'an, personne ne prêterait de l'argenterie à de tels voleurs !

Le marieur va voir Salomon :
— Salomon, j'ai exactement la jeune fille qu'il vous faut !
— Qui est-ce ?
— C'est la jeune Alice Stein, la fille du cordonnier.
— Ah, mais je la connais ! Elle n'est pas très belle !
— Ça vaut mieux, vous savez, quand elles sont belles, elles veulent séduire tout le monde, toujours à sortir pour se montrer dans la rue, aller chez les amies pour papoter, chez la coiffeuse, l'esthéticienne, elles ne sont jamais à la maison pour vous cuisiner des bons petits plats. Et puis la beauté, ça ne dure qu'un temps. Ce n'est vraiment pas un défaut, de ne pas être belle.
— Mais elle n'est pas riche, non plus.
— Ça vaut mieux, vous savez, quand elles sont riches, elles sont exigeantes, il leur faut toujours des beaux meubles, de belles toilettes, des bijoux, des beaux cadeaux, elles sont insupportables. Ce n'est pas un défaut, de ne pas être riche.
— Mais, il me semble qu'elle boite.
— Oui, mais, pour un seul petit défaut, vous n'allez pas rechigner !

J'ai raconté cette dernière histoire à un ami qui m'a affirmé... la connaître sous une autre forme. Que voici :

Un chadh'an propose une rencontre à un jeune homme. Celui-ci, plutôt chétif et pas très brillant, s'en montre enchanté et écoute attentivement les conseils qu'on lui prodigue.

— Je vous aime bien, commence le chadh'an, alors je vais vous dire quelque chose sur la jeune fille avant que vous ne la rencontriez. Elle n'est pas très bonne cuisinière. Personne n'est jamais mort de sa cuisine, mais personne ne se presse quand il lui prend d'inviter du monde.

— Oh, vous savez, répond le jeune homme, pour moi ça n'a pas une grande importance, au contraire, une femme qui cuisine peu est plus économe qu'une femme qui cuisine beaucoup.

— Je vois que vous êtes vraiment souple, reprend le chadh'an. Alors laissez-moi vous dire encore une chose : cette jeune fille n'est pas exactement une beauté, bien qu'elle ne soit pas difforme.

— Oh, entre nous, dit le jeune homme, vous avez bien vu que je ne suis pas Gérard Philipe, moi non plus. Si elle est moche, au moins elle ne séduira pas d'autres hommes.

— Bien d'accord avec vous, s'enthousiasme le chadh'an à la perspective d'une bonne affaire, je voudrais ajouter encore une chose : on ne peut pas dire qu'elle soit terriblement intelligente, c'est-à-dire que... elle est normale, mais un peu distraite, si vous voyez ce que je veux dire..

— Oh, chez une femme, c'est parfois un avantage, proteste le jeune homme, je ne voudrais pas d'une femme qui soit plus intelligente que moi.

— Je vois que vous êtes vraiment intelligent vous-même, continue le chadh'an, vous vous attachez aux choses réellement importantes. Alors pour ne rien vous cacher, je vous dirai une dernière chose : cette jeune fille est légèrement bossue.

— Quoi ! Bossue ? sursauta le jeune homme, mortifié. Comment osez-vous me présenter une bossue ?

— Attendez, attendez ! Elle vous plaisait ! Vous n'allez pas dire non pour un seul petit défaut !

Elie rencontre Meïr :

— Tu as l'air triste, Meïr, ça ne va pas ?

— Ça ne va pas ! Tu veux rire ! Mon vieux, je crève de faim !

— Eh ben, tu as de la chance, je te cherche pour te proposer un mariage.

— T'es malade ou quoi ? Tu vois bien : je suis vieux, sale et sans le sou !

— Je sais bien, mais tu veux te marier, oui ou non ?

— Tu te fiches de moi !

— Mais non, c'est sérieux ! Elle est jeune, riche et belle.

— Et quel est le problème que tu veux me cacher ?

— Oh, rien !

— Allez, allez, je vois bien qu'il y a quelque chose !

— Presque rien, vraiment. Elle est juste un tout petit peu enceinte, tout tout petit peu...

Israël est marieur. Il va trouver Oscar, célibataire.

— Oscar, j'ai une affaire sérieuse, je voudrais vous marier.

— Je n'en ai nulle envie.

— Écoutez-moi. Vous allez au restaurant tous les jours et Dieu sait ce qu'on vous y sert ; puis vous rentrez chez vous, il fait froid ; vous voudriez bavarder avec quelqu'un, mais vous êtes seul....

— Oui, mais si la femme que vous voulez me proposer ne sait pas faire la cuisine ? Si elle n'aime pas la chaleur ? Si c'est elle qui parle quand j'ai envie de parler ? Si...

— Oh, vous êtes drôle, Oscar, qui vous dit que vous serez obligé de rester toujours à la maison ?

Un chadh'an essaie d'arranger un mariage entre un étudiant de yechiva et une jeune femme. Le père de la jeune fille est très riche et elle a bénéficié d'une excellente éducation, mais malheureusement elle est loin d'être belle. Le jeune homme la rencontre puis donne ses impressions :

— Elle est certainement très gentille et très bien élevée, mais elle est tellement moche que si je me marie avec elle je serai malheureux toute ma vie !

— Attendez, attendez, répond le chadh'an qui s'effraie de voir s'enfuir une bonne affaire ; étudions bien le problème. Réfléchissons. D'accord, elle est affreuse, et alors ? Quand vous étudiez toute la journée, vous ne la voyez pas, n'est-ce pas ? Quand vous venez dîner, vous ne la regardez pas. Et quand vous vous mettez au lit pour la nuit, vous ne la voyez pas dans le noir. Et quand vous dormez, est-ce que vous la voyez ? Non plus ! Et quand vous serez à la maison, est-ce que vous aurez envie de la regarder ? Non ! Vous prendrez les enfants, que Dieu vous accorde d'en avoir beaucoup et vous irez vous promener avec eux. Alors je vous le demande, quand aurez-vous besoin de la regarder ?

Le chadh'an de la petite ville se faisait vieux et ne pouvait plus continuer à courir dans tous les sens comme il en avait l'habitude. Il engagea un jeune assistant à qui il dut tout apprendre du métier :

— La chose la plus importante est l'exagération. Tu dois tout enjoliver.

— J'ai bien compris, répondit l'assistant.

Un beau jour, ils rendirent tous deux visite à une famille riche qui avait un fils unique.

— N'oublie pas, rappela le chadh'an, sois enthousiaste et n'hésite pas à exagérer.

En présence de la famille, le chadh'an commença :

— Nous avons trouvé la fille qu'il faut à votre fils : elle est d'une très bonne famille.

— Excellente famille ! renchérit la jeune recrue. Ils descendent en ligne directe du Maharal de Prague !

— Elle est riche, continua le chadh'an.

— Rothschild est pauvre en comparaison ! ajouta l'assistant.

— Elle est très mignonne, poursuivit le chadh'an en jetant des regards inquiets du côté du novice un brin trop enthousiaste.

— Mignonne, c'est peu dire ! On dirait Vénus !

— J'ajouterai juste un détail insignifiant, ajouta le chadh'an en lançant un regard d'avertissement à son assistant, elle a un petit handicap, une minuscule verrue sur le dos.

— Comment, une verrue ! s'exclama le gaffeur. C'est une véritable bosse !

M. Grumbach rencontre M. Ackerman à la synagogue.

— Chabbat chalom, Monsieur Ackerman, je suis content de vous voir.

— Chabbat chalom, Monsieur Grumbach, comment allez-vous ?

— J'ai une affaire intéressante à vous proposer : une jeune veuve jolie, sérieuse et... innocente.

— Comment, innocente ? Ne me dites-vous pas qu'elle est veuve ?

— Oui, mais il y a si longtemps, qu'elle a oublié !

— Ma fille se marie demain, et j'ai promis une dot d'un million, dit Jacob à son ami. C'est terrible, il m'en manque la moitié.

— Et alors ? Tu sais bien qu'on ne donne que la moitié de la dot.

— C'est justement la moitié qui manque !

Mariages et chidouh'im

Quelle est la différence entre un mariage juif orthodoxe, un conservateur et un libéral ?

A un mariage orthodoxe, la mère de la mariée est enceinte. A un mariage conservateur, la mariée est enceinte. Et à un mariage libéral, c'est la rabbine qui est enceinte.

14

Les mères... et les belles-mères

Nous abordons ici un des chapitres les plus connus et les plus répandus de l'humour juif : la mère juive ! Tout le monde se souvient de ce livre et de cette pièce de théâtre : Comment devenir une mère juive en dix leçons. *Est-ce là une caricature ou bien une réalité quotidienne ? La mère juive est-elle véritablement aussi étouffante et intransigeante, aussi tendre et féroce à la fois, aussi généreuse et impossible à vivre qu'on nous le dit depuis des générations ? Nous laisserons le lecteur juger par son expérience personnelle et nous n'influencerons pas son jugement dans une affaire aussi délicate...*

Ah ! la yiddish mamé... combien de larmes et d'encre n'a-t-elle pas fait couler... Veut-elle une maison propre ? Voilà qu'on la traite d'obsédée. Veut-elle être obéie par ses enfants et ses domestiques ? La voilà autoritaire. S'inquiète-t-elle des activités et des relations de ses enfants ? On la traite d'inquisitrice et on l'accuse de culpabiliser. Est-elle un cordon-bleu ? On lui reproche de faire grossir toute la famille ! Elle fronce les sourcils, et on la dénonce comme tyrannique. Craque-t-elle ? On l'accuse de faire du chantage sentimental. Aura-t-elle donc toujours tort, cette mère juive qui se donne tant de mal ?

Daniel a terminé ses études aux États-Unis. Il a trouvé une ravissante jeune fille avec laquelle il s'est marié. Le problème, c'est qu'elle n'est pas juive. Alors, avant de rentrer en France et de la présenter à sa mère, il lui apprend tout du judaïsme, car il n'a pas l'intention de révéler sa trahison dès le premier jour. La mère, intriguée par l'allure de la jeune femme, pose des questions :

— Et pour Chabbat, qu'est-ce que vous faites ?

— Daniel se rend à la synagogue, et moi j'allume les bougies à la maison, je mets sur la table le verre du Kiddouch et les pains de Chabbat.

— Et à Pessah[1] ?
— On fait le Séder et on mange la matsa.
— Et est-ce que Daniel met les téfilim[2] chaque jour ?
— Oui, bien sûr, et quand il ne peut pas, c'est moi qui les mets !

Il n'est pas indispensable d'être juive pour être une mère juive.

Devinette.
— Quelle est la définition d'une mère juive ?
— Une mère juive, c'est quelqu'un qui, se lève pour que son enfant retrouve son lit fait, quand il va faire pipi au milieu de la nuit.

Trois mères juives se rencontrent. La première fait :
— Ah !
La seconde :
— Oooh !
Alors la troisième :
— On avait décidé qu'on ne parlait pas des enfants aujourd'hui !

---

1. Pâque juive.
2. Les téfilim sont des boîtes contenant des morceaux de parchemin sur lesquels sont écrits des passages du Pentateuque. Il existe deux sortes de téfilim : ceux de la tête et ceux du bras, que l'on noue avec des lanières de cuir. Les hommes mettent les téfilim de la tête et du bras chaque matin sauf Chabbat et fêtes, à partir de l'âge de treize ans. Les femmes ne mettent généralement pas les téfilim.

Une femme vante les mérites de son fils à une amie :

— Mon fils le médecin est vraiment un excellent praticien, tu devrais aller le consulter !

— Mais je n'ai pas besoin, je ne suis pas malade.

— Eh bien, va le voir, il est si doué qu'il te trouvera quelque chose !

Illana amène son petit bonhomme à la plage, s'installe sous le parasol et :

— Jérémie, ne va pas à l'eau, tu vas te noyer !

— Jérémie, ne joue pas avec le sable, tu vas t'en mettre plein les yeux !

— Jérémie, viens sous l'ombrelle, tu vas attraper un coup de soleil !

Puis, se tournant vers une autre femme installée à côté d'elle :

— Oh, comme il est nerveux, cet enfant !

Yonathan va à l'école pour la première fois. Sa mère l'inonde de recommandations :

— Poupele, tu seras gentil et tu obéiras à la maîtresse, d'accord ? Et puis tu répondras aux questions qu'elle te pose, poupele, et quand tu voudras répondre à la place d'un autre enfant, tu lèveras d'abord ton petit doigt mignon, poupele. Tu ne te bagarreras pas, poupele, d'accord ? Et tu seras gentil aussi avec les autres enfants, comme ça tu auras des copains, poupele. Et puis quand tu sortiras pour la récréation, poupele, il faudra mettre ta cagoule sur la tête comme ça tu n'attraperas pas froid. D'accord, poupele ?

— Ouiiiii.....

Lorsque le petit rentre de l'école :

— Alors, poupele, comment ça c'est passé, est-ce que tu as aimé, tu as appris quelque chose ?

— Oui, j'ai appris que mon prénom c'est Yonathan !

Devinette.

— Quelle est la station de métro préférée des mères juives ?

— C'est la station Monge, parce que : « Monge, mon fils, monge. »

Le petit Yossi est assis devant son assiette, écœuré par ce qu'on lui a servi.

— Mange tes épinards, c'est bon pour la santé !

— Mais, maman, j'aime pas ça !

— Mange, ça contient plein de fer ! Ah ! Les pauvres enfants de Calcutta seraient bien contents d'avoir la moitié de tes épinards !

— Moi aussi !

Bella refuse de manger son dîner et sa mère s'obstine, supplie, pleure, hurle, menace, la tension monte et devient intolérable, tant et si bien que le papa intervient. Il essaie de calmer sa femme :

— Va sur le balcon, je m'occupe d'elle, prends un peu l'air.

— Si elle ne termine pas, je saute !

— Elle va terminer, vas-y.

La mère s'exécute et s'efforce de retrouver son calme. Le père l'appelle triomphalement :

— Ça y est, elle a fini de manger !

La mère se retourne brusquement, incrédule et méfiante :
— Même les légumes ?

Un jeune étudiant de yechiva qui a quitté la Pologne pour l'Amérique revient voir sa famille après quelques années.
— Mais où est ta barbe ? demande sa mère, surprise.
— Maman, personne n'a de barbe en Amérique.
— Mais, au moins tu continues à faire le Chabbat ?
— Maman, les affaires sont les affaires, en Amérique tout le monde travaille le Chabbat.
— Au moins, tu continues à manger cacher ?
— Maman, c'est très difficile de manger cacher en Amérique.
La vieille femme hésite, mais prend son courage à deux mains pour demander dans un soupir :
— Mon fils, dis-moi une chose : est-ce que tu es encore circoncis ?

Dans les années 1930, Ben « le Casseur », membre d'un célèbre gang juif opérant à Brooklyn, quartier juif de New York, se fait blesser de plusieurs balles lors d'une guerre entre gangs rivaux. Sévèrement touché, il réussit néanmoins à ramper le long de trois rues jusqu'à l'immeuble où habite sa mère. Il se hisse péniblement dans les escaliers, il perd son sang. Il réunit ses dernières forces pour frapper à la porte et appeler :
— Mamm', c'est moi, Ben, je suis salement amoché !
La mère ouvre la porte :
— Assied-toi et mange, on parlera après.

Par une calme soirée d'hiver, une mère juive attentionnée et son fils d'une quarantaine d'années devisent dans leur salon.

— Man fils, dis-moi, je voudrais te poser une question.

— Bien sûr, m'man.

— Man fils, si un jour tu rencontres une jeune fille, si elle te plaît et que tu l'épouses, tu continueras à venir me voir ?

— Bien sûr, m'man !

— Et si ta femme, elle ne m'aime pas, est-ce que tu continueras à venir me voir ?

— Bien sûr, m'man...

— Et si ta femme, elle t'interdit de me rendre visite, tu continueras quand même à venir me voir ?

— Mais oui, m'man...

— Et si ta femme, elle veut me faire du mal, parce qu'elle est jalouse de moi, tu continueras à venir me voir ?

— Oui, m'man....

— Man fils, je peux te poser encore une dernière question ?

— Bien sûr, m'man....

— Pourquoi veux-tu épouser une fille qui, sans même me connaître, me déteste déjà autant, pourquoi ? Pourquoi ?

Trois femmes juives prennent le thé ensemble et se vantent de la façon dont leurs fils les gâtent.

— Moi, dit la première, mon fils, il m'adore tellement, qu'à mon dernier anniversaire, il m'a payé une croisière autour du monde en première classe.

— Moi, renchérit la seconde, mon fils, il a fait mieux. Pour mes quatre-vingts ans, il m'a offert tout un hôtel de luxe.

— Mon fils, assène la troisième, il fait encore mieux : trois fois par semaine, il va chez le psychanalyste, et il le paie ! Quatre cents francs la séance ! Et de qui va-t-il lui parler ? De moi !

Une mère juive a des rapports particulièrement orageux avec son fils : ils se disputent et se bagarrent sans cesse. A tel point qu'elle finit par le montrer à un psychanalyste. Après deux séances, le docteur parle à la mère :

— Madame, votre fils souffre d'un complexe d'Œdipe.

— Œdipe, Shmoedipe, répond la mère, ça m'est égal, l'important, c'est qu'il aime sa mère !

Moïse vient de fêter son premier milliard de francs de chiffre d'affaires. Il décide de s'offrir un yacht, s'achète un uniforme de capitaine pour compléter le tableau, puis il invite ses parents à venir admirer ses acquisitions.

Le bateau avance doucement sur l'eau, mené par le nouveau capitaine. Moïse demande alors à sa mère :

— Maman, qu'en penses-tu ? Je suis un bon capitaine, pas vrai ?

— Très bien, Moïse, très bien, répond la mère d'un air un peu dubitatif.

— Maman, tu n'as pas l'air très convaincue. Regarde, je suis vraiment le capitaine.

— Oui, pour ton père et pour moi, tu es certainement un capitaine, mais pour les autres capitaines, est-ce que tu es un vrai capitaine ?

Rachel, jeune épouse désespérée, rend visite à son médecin.

— Ah, docteur, je n'en peux plus, malgré tout ce que je fais, mon mari ne daigne même pas me regarder. Il n'arrête pas de me parler de sa mère, sa mère, sa mère ! Et moi, je n'existe pas pour lui !

— Vous avez essayé de lui cuisiner de bons petits plats ?

— J'ai tout essayé, docteur, croyez-moi, rien ne marche, je suis vraiment découragée.

— Écoutez, j'ai une idée : il y a un domaine où votre belle-mère ne peut pas rivaliser avec vous, c'est le lit. Pour ce soir, vous allez mettre des sous-vêtements noirs très excitants, avec un porte-jarretelles noir. Vous allez vous maquiller avec beaucoup de soin, une ombre à paupières sombre, de longs faux cils interminables, un rouge à lèvres noir. Vous allez changer les draps de votre lit, mettez-en des noirs. Parfumez-vous avec son parfum préféré et mettez des roses noires dans un vase. Dans cette ambiance, il ne pourra plus vous résister.

Rachel suit scrupuleusement tout le programme : le maquillage, la mise en scène, le décor, elle n'oublie rien, elle n'a jamais été aussi voluptueuse et excitante.

Son mari arrive, et devant ces surprises inattendues, son étonnement va croissant. A la fin, il ne peut plus se contenir et s'écrie :

— Rachel, tout ce noir ! Il est arrivé quelque chose à ma mère ?

Une autre jeune épouse s'efforce depuis le début de son mariage de mijoter de bons petits plats à son mari : elle ne fait que ça du matin au soir. A peine levée, elle part acheter les meilleurs produits et les plus frais, puis elle épluche, coupe, fait de savants mélanges d'épices. Tout cela en vain, car son mari lui répète chaque fois que c'était meilleur chez sa mère.

Excédée, elle décide de se révolter. Un beau jour, elle accommode quelques restes qu'elle laisse brûler à moitié sur le feu. Ce jour-là, son mari s'extasie :

— Chérie, comme c'est bon, ça a exactement le même goût que chez ma mère !

Dans un petit village perdu de la Russie du XIXe siècle, deux familles cherchent à marier leurs filles. Elles ont réussi à faire venir deux jeunes gens de très loin. Pendant leur voyage, le train est attaqué par des cosaques, et l'un des deux jeunes gens est tué. Finalement, le rescapé arrive au shtetl. Les deux mères s'écrient chacune que c'est bien le jeune homme destiné à sa fille. On décide de s'en remettre au jugement du rabbin.

— Coupez-le en deux, conclut celui-ci, et chaque jeune fille aura ainsi la moitié de son corps.

— Oh non ! s'écrie l'une des deux mères. Ne le tuez pas ! Ma fille en trouvera un autre !

— Si ! Si ! Coupez-le ! exige la seconde.

Le rabbin montre alors la seconde et conclut :

— C'est elle la belle-mère !

❦

— Allô, maman, ça va ?

— Très bien, mon fils, merci.

— Oh ! excusez-moi, c'est une erreur.

❦

— Allô, mon fils, alors, tu viens dîner à la maison pour Chabbat ?

— Oui, maman.

— Essaie de venir tôt, pour le Kiddouch, tu sais, ton père il est fatigué, il a besoin de dormir, et puis on se verra plus longtemps.

— D'accord, maman.

— Est-ce que tu viens avec Sara ?

— Maman, combien de fois déjà je t'ai dit que ma femme ne s'appelle pas Sara mais Rachel ! Ça fait vingt ans qu'on est mariés, pourquoi t'obstines-tu à l'appeler Sara ? Tu ne la supportes pas, je sais, mais quand même, laisse-lui au moins son nom ! Ne commence pas à faire une histoire avant qu'on soit chez toi !

— Comment ! Elle s'appelle Rachel ! Mais non, mon fils, elle s'appelle bien Sara, ta femme !

— Attendez, attendez ! Vous êtes madame Botbol ?

— Non !

— Excusez-moi, alors, j'ai l'impression que c'est une erreur.

— Ah ! (Long silence.) Alors, tu ne viendras pas ?

J'ai rencontré cette histoire sous une autre forme.

Une fille appelle sa mère :

— Maman, ça va ?

— Oui, ma chérie, et toi ?

— Oh, maman, c'est la catastrophe : les enfants sont malades, le réfrigérateur a rendu l'âme, les toilettes fuient et j'ai des invités ce soir, je ne sais plus quoi faire !

— Écoute, ma chérie, ne t'inquiète pas. Je vais prendre un bus pour arriver à la gare. De là, je prendrai le train jusqu'à la gare Saint-Lazare, de là le métro jusqu'à la porte de Vanves puis je marcherai le petit kilomètre entre le métro et ta maison. Ne t'inquiète pas, je m'occuperai des enfants, je te préparerai ton dîner, et je ferai même un gentil dessert pour Sammy.

— Sammy ? Qui est Sammy ?

— Sammy ? Ben, ton mari !

— Mais maman, mon mari s'appelle Daniel... Est-ce que c'est le 45 80 96 07 ?

— Non, c'est le 45 81 96 07.

— Ah ! Alors tu ne viendras pas ?...

Rouh'ama et Esther se rencontrent après de nombreuses années.

— J'ai appris que ton fils s'est marié, mazal tov ! commence Esther.

— Oïe, ne m'en parle pas ! Une catastrophe ! Sa femme ne fait rien de la journée. Grasse matinée, mon fils lui apporte le petit déjeuner au lit, elle ne sait pas faire la cuisine, même pas débarrasser la table ! Elle se prélasse à longueur de journée !

— Ma pauvre ! compatit Esther. Et ta fille ? Elle est mariée ?

— Ah, ma fille ! Elle est vraiment bien tombée, elle. Son mari est a-do-rable ! Il lui apporte le petit déjeuner au lit, il ne la laisse pas faire la cuisine, ni le ménage. Elle peut se reposer et s'occuper d'elle-même !

Une mère juive promène ses deux enfants. Quelqu'un lui demande leur âge :

— Le docteur a quatre ans et l'avocat deux ans et demi, répond la mère.

Une femme d'un certain âge promène son petit-fils. Une passante s'arrête pour l'admirer :

— Quel beau bébé vous avez là !

— Oh, ce n'est rien, si vous voyiez les photos !

Un garçon est parti en Afrique parachever une enquête pour son doctorat d'anthropologie. Chez lui, avant de rentrer, il téléphone à sa mère.

— Ah ! Mon fils, comment vas-tu ? Comment ça va ? Tu vas bien ? Pourquoi tu m'appelles pas ?

— Ça va, maman. Je vais rentrer.

— D'accord, mon fils, bienvenue à la maison. Quand ça ?

— Maman, je me suis marié.

— Mazal tov, mon fils, j'en suis très heureuse ! Tu aurais pu me prévenir, je serais venue t'embrasser, je t'aurais fait une fête, un mariage, c'est important quand même !

— Elle est noire, maman.

— Et alors, elle est noire ? On n'est pas raciste, nous, il ne manquerait plus que ça ! Bienvenue à ta femme ! Tu l'as choisie, c'est l'essentiel.

— Maman, elle a quatre enfants.

— C'est super, quatre enfants, c'est la vie, les enfants, ça veut dire qu'elle est féconde, tu auras des garçons, mon fils, qui porteront ton nom ! Alors, quand tu viens ?

— La semaine prochaine. On ira à l'hôtel pour ne pas vous déranger.

— Comment ! Me déranger ! On n'a pas une maison pour t'accueillir ? Toi et ta femme dans notre lit, papa sur le canapé du salon, les enfants dans la chambre de ton frère qui est parti en vacances.

— Mais maman, et toi ? Tu as trouvé de la place pour tout le monde, sauf pour toi.

— Moi, mon fils ? Je raccroche et je meurs !

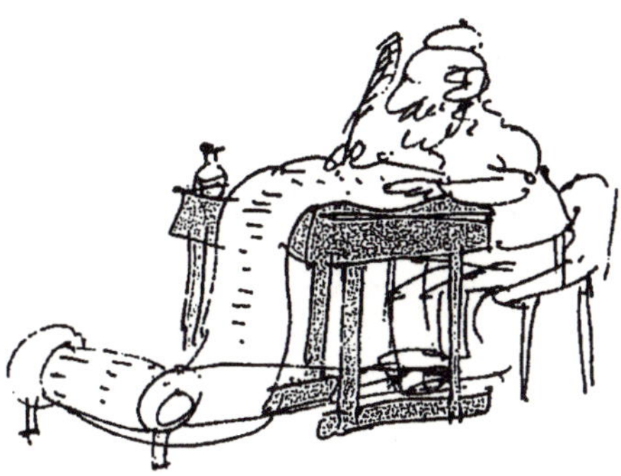

15

Les épouses

Les épouses d'aujourd'hui sont bien les petites filles d'hier, les enfants de ces mères juives tant décriées (à tort ou à raison ?). Ne sachant pas vraiment sur quel pied danser le rock... ou le rap, elles ne sont plus des yiddish mammé ou des mamas tunisiennes, n'étant nées pour la plupart ni en Pologne ou en Russie, ni en Tunisie. Alors ? Alors elles balancent entre deux pulsions : l'une, celle de ressembler à leurs mères, qui centralisaient toute l'activité de la maison et respectaient les traditions ; l'autre, celle de s'identifier à leurs contemporaines, qui travaillent, certes, mais qui savent aussi prendre des loisirs, et même des vacances !

Comme c'est compliqué de gérer tout cela de front, il y a des moments durs dans la vie... A propos, dans quelle station de ski irons-nous les prochaines vacances ? ? ?

Lu il y a longtemps dans un journal yiddish, rubrique petites annonces : « Échangerait femme de 50 contre deux de 25. »

Le maire d'une petite ville israélienne visite un quartier en construction en compagnie de sa femme. L'un des ouvriers hèle la femme :

— Hé ! Ophra ! Comment va ?

Ophra le reconnaît, elle le présente à son mari et discute avec lui quelques minutes. Lorsqu'ils sont partis, le mari demande :

— Comment connais-tu cet homme ?

— On était copains à l'école. Il voulait se marier avec moi.

— Tu as bien fait de ne pas l'épouser, imagine, tu serais maintenant la femme d'un ouvrier du bâtiment !

— Détrompe-toi, si je l'avais épousé, c'est lui qui serait maire aujourd'hui !

Mme Assouline revient de Vichy. Son mari l'attend à la gare.

— Bonjour, mon trésor.

— Bonjour, ma chérie, tu as une mine superbe ! as-tu bien voyagé ? Tu as été fidèle ?

— Mais chéri, comme tu me l'as été !

— Eh bien alors, ma chérie, c'est la dernière fois que tu pars en cure, je te le promets !

Salomé écoute Rébecca lui raconter ses ennuis :

— Si tu savais comment mon mari me traite ! Toutes les nuits, il rentre au plus tôt à 3 heures du matin.

— Mon mari a fait la même chose pendant un moment, mais il a vite cessé, déclare Salomé.

— Comment s'est-il arrêté ? demande Rébecca, pleine d'espoir.

— Ce n'est pas difficile, explique Salomé, triomphante. Chaque fois qu'il arrivait après minuit, je lui demandais de mon lit : c'est toi, Doudou ?

— Oui, et alors ?

— Mon mari s'appelle Jacky.

Émile, de retour d'un voyage d'affaires, se rend compte que sa femme ne lui a pas été fidèle. Il est furieux.

— Qui était-ce ? gronde-t-il. Ce faux-jeton de Lionel ?

— Non, ce n'était pas Lionel.

— Alors c'était Danny, cet hypocrite ?

— Non, ce n'était pas lui non plus.

— David, ce raté ?

— Non plus.

— Alors quoi ? hurle Émile, aucun de mes amis n'est assez bien pour toi ?

Julie Touboul rencontre son amie Sandra Attias. Cette dernière vante son mari :

— Pour mon anniversaire, j'en avais marre des bijoux, des fourrures, des voitures et des croisières exotiques, je voulais quelque chose d'original, tu comprends, alors mon mari m'a offert une séance d'acrobaties aériennes. C'était fantastique. Vraiment, c'est le plus beau cadeau que j'ai reçu depuis longtemps !

Julie devient verte de jalousie. Elle n'a de cesse d'obtenir la même chose de son mari. Ils se rendent au Bourget. C'est cher, vraiment cher, une séance d'acrobaties aériennes pour une seule personne ! Dans un coin, ils trouvent un minuscule bonhomme avec une petite pancarte : « Acrobaties aériennes : 5 000 francs seulement ». Ils se précipitent. L'avion est tout petit, mais on n'a pas besoin de beaucoup de place, on reste assis, de toute façon. Il est dans un piteux état, mais il doit bien voler, sinon, il n'y aurait pas de pancarte. Et puis, il est cinq fois moins cher que tous les autres. Julie discute avec le pilote, négocie pour baisser encore le prix, puisqu'ils veulent monter à deux ; elle l'étourdit de paroles, jusqu'à ce qu'il accepte de les prendre. Le pilote pose alors une condition :

— Je vous fais un prix pour deux, nous sommes d'accord, mais je veux un silence total pendant le vol : si vous parlez même une seule fois, vous me paierez le double.

Ils sont d'accord. Le pilote les fait monter, leur demande d'accrocher les ceintures, tout ce qu'il y a de précaire, et ils décollent.

Il fait des loopings, des vrilles, des piqués, des tonneaux, des virages verticaux, des chandelles, en un mot la totale. De retour au sol, le pilote se retourne et dit à M. Attias, mort de peur :

— Alors là, vous m'avez épaté, vous n'avez même pas crié !

— Non, vous voyez, je n'ai pas crié, même quand ma femme est tombée !

A la porte du monde d'en haut, se pressait ce jour-là une foule d'hommes. Ils étaient nettement partagés en deux files. La file de droite regroupait les hommes qui avaient toujours écouté leur femme à tout propos, et dans cette file se tenaient presque tous les hommes. La file de gauche se composait d'un seul homme.

Dieu lui-même vint voir l'étrange phénomène :

— Comment se fait-il que tu te tiennes de ce côté ? Comment as-tu fait ?

Et l'homme, très étonné de la question :

— Oh, ben moi, je ne sais pas, c'est ma femme qui m'a dit de me mettre là.

Et sous une autre forme :

— Oh ben moi, je ne sais pas, c'est ma mère qui m'a dit de me mettre là !

Joseph a passé près d'un mois à essayer d'imaginer le cadeau qui ferait plaisir à sa femme pour son anniversaire. Finalement, il a opté pour un perroquet : c'est joli, c'est un oiseau qui parle, et elle aura une compagnie lorsqu'il n'est pas à la maison. Il le fait envoyer à la maison pour lui faire une surprise. Lorsqu'il rentre, il demande :

— Alors, as-tu aimé ton cadeau ?

— Oui, je crois que ça sera très bon, je l'ai fait rôtir avec de l'ananas.

— Quel dommage ! Un oiseau qui savait parler !

— Il savait parler ? Pourquoi ne me l'a-t-il pas dit ?

Goldberg arrive au bureau très énervé.

— Que se passe-t-il, Goldberg ? Pourquoi es-tu si énervé ?

— Comment être autrement avec la femme que j'ai !

— Pourtant, elle est gentille, ta femme.

— Oui, mais elle me demande sans cesse de l'argent !

— Ah bon ? Et pour quoi faire ?

— Je ne sais pas, moi, je ne lui en donne jamais !

Leibush vient d'arriver de Pologne et son ami Druckman lui fait visiter Paris en passant par Pigalle. Chaque fois qu'ils croisent une jolie femme, Leibush crache par terre.

— Pourquoi fais-tu le dégoûté, elles ne te plaisent pas ?

— Si, ce n'est pas sur elles que je crache.

— Et sur qui donc ?

— Sur ma femme qui est restée là-bas !

Sophie et Aaron sont fiancés, ils se marient dans trois jours. Aaron n'en peut plus d'attendre :

— Mon amour, sois ma femme dès cette nuit !

— Non, chéri, je suis une jeune fille sérieuse, et puis j'ai toujours mal à la tête, ensuite.

16

Les pères, les maris

Si le père de famille suscite beaucoup moins d'histoires drôles que la femme juive, c'est certainement parce qu'il apparait plutôt dans toutes sortes de situations extrafamiliales alors que le foyer juif est géré presque exclusivement par les femmes. L'homme travaille hors de la maison, il voyage, il est dans le monde des affaires. Il n'est pas aussi présent au foyer que son épouse, et a souvent moins de contacts avec ses enfants.

Gabriel éclate en sanglots à l'enterrement de Dina, la femme de son meilleur ami, avec laquelle il a eu des rapports très intimes durant de longues années. Son ami, calme et presque indifférent, le prend en pitié :

— Allons, allons, calme-toi, je me remarierai...

Sam rentre à la maison de son travail à l'improviste et trouve sa femme au lit avec son meilleur copain Harry :

— Harry, tu m'étonnes ! Moi encore, je suis obligé, mais toi ?

Salomon est très malade, il se remémore toute sa vie passée avec sa femme Sara.

— Sara, tu te rappelles, quand nous habitions au shtetl, quand il y a eu le pogrom ? Est-ce que tu étais déjà avec moi, Sara ?

— Oui, Salomon, j'étais avec toi.

— Et Sara, tu te rappelles, quand nous avons été expulsés du shtetl parce qu'ils voulaient donner nos pauvres maisons aux paysans ? Est-ce que tu étais avec moi, Sara ?

— Bien sûr, Salomon, j'étais avec toi.

— Sara, Sara, et tu te rappelles quand sur la route du ghetto on avait été attaqués par des cosaques cruels ? Tu étais avec moi ?

— Mais oui, Salomon, j'étais avec toi !

— Et Sara, tu te rappelles au ghetto de Varsovie comme c'était abominable, on était tous les uns sur les autres, la saleté, le manque de nourriture ? Tu étais avec moi ?

— Evidemment, Salomon, j'étais avec toi.

— Et Auschwitz, Sara, tu te rappelles ? L'horreur absolue ! Tu étais encore avec moi, Sara ?

— Oui, Salomon, j'étais encore et toujours avec toi.

— Et maintenant, je suis très malade, je vais peut-être mourir, tu es avec moi, Sara ?

— Bien sûr, Salomon !

— Sara, je vais te poser une question : tu ne crois pas que tu me portes la poisse ?

Elie est invité à déjeuner chez ses amis. A la fin du repas, il interroge le maître de maison.

— Dis-moi, depuis combien de temps es-tu marié, sans indiscrétion ?

— Depuis près de vingt-cinq ans.

— Alors là, bravo, après vingt-cinq ans de mariage, tu continues à dire à ta femme des petits mots tendres : ma biche, mon petit lapin, mon trésor, et j'en passe ! Tu as certainement une recette !

— Non, mon vieux, tu ne me croiras pas, j'ai tout simplement oublié son nom !

Victor entre dans un magasin d'articles de luxe. Il s'adresse au vendeur :

— C'est l'anniversaire de ma femme, je voudrais lui offrir le plus beau stylo Mont-Blanc.

— Ce sera une surprise, hein ? dit le vendeur.

— Certainement, elle attend une rivière de diamants !

Un vieux Juif entre dans une bijouterie pour acheter un cadeau à sa femme. Il avise un crucifix en argent étincelant.

— Combien coûte-t-il ?

— Trois mille francs, répond l'employé.

— Hmmm, reprend le Juif, et sans l'acrobate ?

Daniel et Ephraïm fument un bon cigare après le déjeuner. Le premier demande à son ami :

— Dis donc, Ephraïm, tu arrives à te reposer, l'après-midi ?

— Oui, quand nous avons fini de déjeuner, elle fait une sieste d'une heure.

— Qui ça, elle ?

— Ma femme, bien sûr !

— Mais, je ne t'ai pas parlé de ta femme, je te demandais quand tu te reposes l'après-midi !

— Tu ne comprends pas ? C'est quand elle dort que je me repose !

M. et Mme Rothschild se retrouvent à une brillante réception en compagnie de tout le gratin du monde juif et de toute une série de jolies filles. M. Rothschild met son épouse au courant.

— Tu vois, celle-là ?

— Oui ?
— C'est la maîtresse de Meyer.
— Elle a les dents tordues.
— Et celle-là ?
— Oui ?
— C'est la maîtresse de Blum.
— Elle est trop maigre.
— Et celle-là, tu la vois ?
— Oui ?
— C'est celle de Kaminski.
— Elle a une tête de singe. Et la tienne, où est-elle ?
— C'est celle-là.
— Tu veux que je te dise, Rothschild, c'est la nôtre la mieux.

Michel est fou furieux.

— Que se passe-t-il ? Qu'est-ce qui t'arrive ?

— Si tu avais vu ce que j'ai vu ! Imagine ! Tout à l'heure, en rentrant chez moi, j'ai trouvé un de ces maudits chauffeurs de taxi en train de caresser ma femme. J'étais dans un tel état de fureur que si j'avais eu un revolver, je lui aurais flanqué une paire de claques !

David va trouver Elie d'un air très ému.

— Elie, je dois te dire quelque chose de grave.

— Mon Dieu, qu'y a-t-il ?

— Tu sais, ton caissier...

— Eh bien, quoi ?

— Je l'ai vu, hier soir, entrer à l'hôtel, bras dessus, bras dessous avec ta femme !...

— Oh la la ! Comme tu m'as fait peur, David ! J'ai cru qu'il avait filé avec la caisse !...

Samuel rencontre Raphaël qui a l'air bouleversé :

— Mais qu'est-ce qui t'arrives ?

— Si tu savais ce que je viens de voir, chez moi !

— Calme-toi, Raphaël. Qu'as-tu vu ?

— J'ai vu, j'ai du mal à le dire, j'ai vu Debora qui me trompait avec Michel sur le divan du salon !...

— Calme-toi, calme-toi...

— Que vais-je faire ?

— Alors là, réfléchis bien et prends la bonne décision, Raphaël.

Le lendemain :

— Raphaël, alors, qu'as-tu décidé ?

— J'ai vendu le divan !

Un rabbin appelle son fils et lui parle gravement :

— Il y a des bruits très inquiétants qui courent sur toi. Des femmes,...

— Papa ! Je t'assure que tout est faux, c'est de la malveillance, ce n'est pas vrai !

— J'espère bien que ce n'est pas vrai ! C'est bien assez qu'il y ait des bruits !

Quand sa femme mourut, Ruben pleura beaucoup, et le rabbin, s'inquiétant pour lui, chercha à le consoler :

— Ne pleure pas comme ça, Ruben, ne crois-tu pas en la résurrection des morts ?

— Si, c'est pour cela que je pleure !

17

Les enfants

Les enfants juifs, c'est connu, sont les plus intelligents, les plus beaux, les plus gentils de tous. Tout ce qu'ils font est bien, même leurs plus grosses bêtises sont portées aux nues. Ils sont l'objet des préoccupations et des inquiétudes perpétuelles de leurs parents et surtout de leurs mères. S'ils sont parfois dociles, il leur arrive aussi de se montrer rétifs et désobéissants. D'ailleurs, au fur et à mesure qu'ils grandissent, l'inquiétude à leur sujet ne fait qu'augmenter, comme le dit bien ce proverbe yiddish : « Kleine kinder, kleine tsouress ; grosse kinder, grosse tsouress » *: petits enfants, petits soucis ; grands enfants, grands soucis. On peut assez justement résumer le sentiment des parents juifs envers leur progéniture par l'expression « fierté inquiète »... En ajoutant que c'est aussi le sentiment des enfants envers leurs géniteurs, on aura fait le tour de la situation.*

Alors qu'il n'était qu'un enfant, Dov Baer de Mezeritch, qui devint plus tard le Grand Maguid, un des grands maîtres du mouvement hassidique, vit sa maison incendiée. Il réagit aux pleurs de sa mère :

— Pourquoi pleures-tu tellement pour une maison détruite ?

— Oh ! Ce n'est pas sur la maison que je pleure, c'est pour notre arbre généalogique perdu dans le feu. Il remontait au Talmud, avec Rabbi Yohanan le cordonnier !

— Mais, mère, je te ferai un nouvel arbre généalogique ! Il commencera avec moi !

Yaël, deux ans et demi, se plaint à son père de son grand frère Ouriel :

— Papa, Ouriel a menti ! Je lui ai dit quelque chose de pas vrai et il m'a crue !

Un professeur d'histoire allemand posait un jour à ses élèves la question suivante :

— D'après vous, pourquoi avons-nous perdu la guerre de 14-18 ?

— A cause des généraux juifs ! répondit vivement un des enfants.

Le professeur, intrigué :

— Mais, il n'y avait pas de généraux juifs, dans l'armée allemande !

L'enfant, triomphant :

— Justement, c'est pour ça qu'on a perdu !

Maman cherche Benjamin à la sortie de son premier jour d'école.

— Qu'as-tu appris, mon chéri ?

— J'ai appris à écrire, répond Benjamin.

— Tu as déjà appris à écrire, dès le premier jour ? s'extasie la mère. Et qu'as-tu écrit ?

— Je ne sais pas, maman, je ne sais pas lire !

Pour les catholiques, le fœtus est considéré comme un être humain à part entière dès la conception.

Pour les Juifs, le fœtus reste un fœtus jusqu'à ce qu'il ait obtenu son diplôme de médecin.

Les parents viennent de sortir pour la soirée. Henri dit à sa petite sœur Jessica :

— Viens, on va faire comme papa et maman.

— Comment ?

— On va aller dans leur chambre.

— Et après ?

— Après ? On ferme la porte à clé.

— Et après ?

— Après ? On se déshabille.

— Et après ?

— Après ? On se met dans le lit.

— Et après ?

— Après ? On remonte les couvertures.

— Et après ?

— Après ? On parle yiddish pour que les enfants ne comprennent pas.

Un homme très jaloux de sa femme part en voyage d'affaires. Avant de partir, il recommande à son fils d'observer les moindres faits et gestes de sa mère pendant son absence, afin de tout lui raconter à son retour.

Quand il rentré, il demande à son fils de lui faire son rapport.

— Le premier soir, dit l'enfant, un homme bizarre est venu à la maison. Il a embrassé maman sur les lèvres, et ils se sont tenus longtemps enlacés.

— Et ensuite ?

— Maman l'a conduit à votre chambre à coucher.

— Et ensuite ?

— J'ai regardé par le trou de la serrure : il a enlevé sa chemise et son pantalon et même ses sous-vêtements.

— Et ensuite ?

— Il a complètement déshabillé maman, et il l'embrassait tout le temps.

— Et ensuite ?
— Ensuite, maman a éteint la lumière et je n'ai rien pu voir.
— Oh ! mon Dieu ! gémit l'homme, le doute me ronge et il finira par me tuer !

Yossi pose des questions à sa mère :
— Maman, pourquoi l'eau bout-elle à 100 degrés ?
— C'est une excellente question, mon petit Yossi, mais, vraiment, je ne sais pas te répondre, il faudra demander à papa quand il rentrera ce soir.
— D'accord... Mais j'ai une autre question, maman.
— Pose-la-moi, mon fils, pas de problème.
— Maman, pourquoi les nuages sont en haut dans le ciel ?
— Quel enfant intelligent j'ai là, qui se pose des questions sur ce qui l'entoure ! Je ne sais pas te répondre, mais il faudra demander à papa quand il rentrera, ce soir.
— D'accord... Mais, maman, quel était l'autre nom du roi Louis XIV ?
— Excellente question, mon chéri... Je ne sais pas y répondre, il faudra demander à papa quand il rentrera, ce soir.
— D'accord. Dis, maman, ça ne t'embête pas que je te pose des questions ?
— Mais bien sûr que non, mon Yossi, pose toutes les questions que tu veux, sinon, comment est-ce que tu apprendras ?

Joseph pose une devinette à son fils :
— Danny, qu'est-ce qui est vert, pendu à une ficelle sur un mur et qui siffle ?
Danny réfléchit gravement quelques minutes :
— Je ne sais pas, papa, dis-moi.
— C'est un hareng.

— Mais, papa, les harengs ne sont pas verts !

— Oui, mais celui-là était peint en vert !

— Mais je n'ai jamais vu un hareng pendu à une ficelle sur un mur !

— Ah, mais ce hareng était pendu à une ficelle sur un mur.

— Mais papa, les harengs ne sifflent pas !

— Ça, c'était pour que tu ne trouves pas trop facilement.

Deux vieux amis se rencontrent régulièrement à la synagogue et se donnent réciproquement des nouvelles de leur famille.

— Oh, David, mon fils, tu sais ce qui lui est arrivé ? Rien que d'y penser, je défaille, tellement j'ai honte !

— Qu'a-t-il donc fait, Nathan ?

— Oï ! Il veut se marier avec une goy, mon fils, tu te rends compte ! Il est allé à l'université pour faire ses études d'avocat, et là, il a rencontré une fille, elle lui a plu, il lui a plu, et maintenant ils veulent se marier ! Comme je suis malheureux !

— Je t'ai toujours dit, David, que tu n'étais pas assez sévère avec ton fils. Je ne suis pas étonné du tout. Mon fils à moi, ça ne lui arrivera jamais.

Pourtant, quelques mois plus tard :

— Nathan, je te dois des excuses. Tu te rappelles ce que je t'ai dit quand ton fils a décidé de se marier avec une goï ? Eh bien, mon fils, tu sais ce qui lui est arrivé ? Lui aussi, il veut la même chose ! Il a fait une croisière pendant les vacances, et là, il a rencontré une jeune fille, elle lui a plu, il lui a plu, et maintenant ils veulent se marier ! Comme je suis malheureux !

A ce moment, une voix sort du ciel :

— Et mon fils, tu sais ce qui lui est arrivé ?

Aaron voyage à Minsk avec son fils. Pour éviter l'achat d'un second billet, il le fait entrer dans un sac et le roule sous la banquette. Arrive le contrôleur.

— Ton billet, youpin !

— Voilà.

— Et le sac, qu'est-ce qu'il contient ?

— De la ferraille.

Le contrôleur, pour s'en assurer, envoie un grand coup de pied dans le sac. De sous la banquette vient une voix :

— Boum !

Mme Lellouche réveille son fils :

— Michaël, c'est l'heure de se lever pour aller à l'école.

Michaël remonte la couverture sur sa tête :

— J'ai pas envie !

— Ah non ! Tu dois y aller !

— J'ai pas envie ! Les profs ne m'aiment pas, et tous les enfants se moquent de moi et me donnent des coups de pied.

Mme Lellouche soulève la couverture :

— Michaël, tu n'as pas le choix, tu dois aller à l'école.

— Ah bon ? Donne-moi une seule bonne raison d'y aller !

— Bien sûr, Michaël, tu as quarante-cinq ans et tu es le directeur.

On attend dans la famille la naissance d'un deuxième enfant. La mère dit à son mari :

— Va préparer Micky à l'heureux événement.

Le père, un peu embarrassé, ne sait pas très bien comment annoncer la nouvelle à son fils. Finalement, il prend son courage à deux mains et va trouver son fils :

— Micky, aujourd'hui j'ai vu une cigogne qui tournait autour de notre maison. Je suis sûr qu'un de ces jours elle va frapper à la fenêtre avec son bec et qu'elle va nous apporter un super-cadeau...

— Génial, répond Micky, fais juste attention qu'elle ne fasse pas peur à maman, parce qu'elle est enceinte, elle risque de la faire avorter...

Deux femmes se rencontrent dans un supermarché.

— Sophie ! Comment vas-tu ? J'ai entendu qu'il fallait te féliciter, alors mazal tov !

— Oui, c'est vrai, ma fille se marie.

— Merveilleux ! Et qui est l'heureux élu ?

— Michaël est chef de clinique dans le service d'ophtalmologie de l'hôpital de Neuilly.

— Ah ? Je croyais qu'il était professeur.

— Non, le professeur de droit c'est son ex-mari.

— Ah, pardon ! Mais il me semblait qu'il y avait aussi un psychiatre.

— Oui, c'était son premier mari, un analyste très connu.

— Vraiment, ma chère, quelle chance d'avoir tant de joies avec une seule fille !

18

L'éducation

Quelle est la définition d'un homme juif ? demande Philip Roth dans son célèbre livre Le Complexe de Portnoy. *L'homme juif dont les parents sont vivants, c'est un jeune garçon de quinze ans, qui continuera à avoir quinze ans jusqu'à ce que ses parents meurent.*

Pour ma part, je trouve que Roth est trop indulgent, c'est à huit ans que les enfants cessent de grandir pour leurs parents, jusqu'à ce qu'ils aient obtenu leur doctorat en médecine.

Pour savoir si vos parents sont bien des parents juifs, faites donc le test : levez-vous la nuit pour faire pipi. Si le lit est fait à votre retour, c'est OK. Sinon, il faudrait prendre quelques leçons.

Jérémie apprend sa leçon d'histoire :

— Maman, Napoléon est mort en quelle année ?

— Comment, il est mort ? Je ne savais même pas qu'il était malade !

Lorsque Rabbi Noah, fils de Rabbi Mordekhaï, prit la succession de son père, les disciples s'aperçurent qu'en bien des choses il se comportait autrement que son père. Ils demandèrent pourquoi.

— Je fais exactement comme faisait mon père, leur répondit-il, et de même qu'il n'imitait personne, je fais en sorte de ne point l'imiter.

Lorsque Raphaël atteignit l'âge de douze ans, son père lui annonça gravement :

— Raphy, le moment est venu d'apprendre les réalités de la vie.

— D'accord, papa, qu'est-ce que tu veux savoir ?

Un bon père de famille parle à son fils Gabriel :

— Retiens toujours l'histoire que je vais te raconter, mon fils, c'est très important pour toute ta vie :

Un petit oiseau tomba de son nid un jour de grand froid. Il pépiait désespérément quand un enfant vint à passer. Prenant en pitié le pauvre oisillon transi, il le ramassa et le posa pour le réchauffer dans un petit tas de fumier encore chaud, puis partit. L'oisillon, réchauffé, commença à chanter les louanges de son bienfaiteur. Un renard vint à passer, qui entendit la petite bête, s'en réjouit et l'avala toute crue.

Écoute bien la moralité en trois points, mon fils :

Premièrement : Celui qui t'enfonce dans la m... ne te veut pas forcément du mal ;

Deuxièmement : Celui qui t'en retire ne te veut pas forcément du bien ;

Et troisièmement : Quand tu es dans la m..., pourquoi chanter ?

Un père de famille qui a bien réussi dans les affaires souhaite donner la meilleure éducation à son fils : un langage et un accent distingués, un comportement, un maintien, une élégance, une aisance digne d'un fils de bonne famille. Il l'envoie donc dans une école jésuite comme interne pour quelques années.

Au bout d'un an, désireux de constater les progrès de son fils, il lui rend visite sans prévenir. A la porte de l'établissement, un jésuite en soutane lui ouvre. Il prend un ton onctueux.

— Bonjour mon père, je viens voir mon fils, Maximilien Azoulay, je vous prie.

— Bien sûr, monsieur Azoulay.

Tournant la tête vers l'intérieur en criant, le jésuite trahit un accent tout ce qu'il y a de plus... tunisien devant un M. Azoulay horrifié :

— Maxo ! Maxo ! Y a ton père qu'est v'nu t'voir !

M. Glauberg a bien réussi rue de Tirenne dans la confection et le prêt-à-porter. Quand son fils Daniel arrive à l'âge d'homme, il le prend et lui parle sérieusement :

— Écoute, mon fils, c'est très important, maintenant il te faut choisir ta voie. Tu dois te décider pour ton métier. Entre dans une pièce tranquille, je te laisse toute la matinée pour réfléchir, je reviens tout à l'heure.

A la fin de la matinée, M. Glauberg revient comme promis :

— Alors, mon fils, tu as choisi ? C'est la confection pour hommes ou pour femmes ?

M. Touitou vérifie les connaissances de son fils Samuel, huit ans :

— Qui était la mère de Moïse ?

— La fille du pharaon.

— C'est ça qu'on t'apprend à l'école ? C'est plutôt elle qui l'a sauvé des eaux, rappelle-toi.

— Oh, ça, c'est ce qu'elle a raconté !

Jeremy Mandelbaum, jeune citoyen américain, s'amuse dehors avec quelques copains. Passe un pasteur, qui leur adresse la parole d'un ton bienveillant :

— Mes enfants, voulez-vous gagner une petite voiture ?

— Oui ! répondent-ils en chœur.

— Alors, celui qui répondra juste à ma question recevra le cadeau. Qui a été l'homme le plus important du monde ?

— George Washington ! répond Thomas Longway.

— Le prophète Mohamed ! s'exclame Hussein Boutar.

— Jésus-Christ ! proteste Jeremy.

— Bravo, mon petit, tu as gagné ! conclut le pasteur, et il donne la voiture à Jeremy.

Tout fier, Jeremy rentre chez lui et raconte l'épisode à son père.

— Comment, tu as dit Jésus ! Mais c'est Moses, Moïse, l'homme le plus important pour nous !

Alors, d'un ton docte, à un père vraiment dépassé :

— Papa, Moses is Moses, and business is business !

Un Juif se promène dans la campagne avec son fils. Il lui fait admirer partout la puissance et la bonté de Dieu. Tout à coup, il reçoit une crotte d'oiseau sur son beau chapeau.

— Oh, papa, regarde, un oiseau a sali ton chapeau !

— Ce n'est rien, mon fils, remercions plutôt le Seigneur de n'avoir pas donné d'ailes aux vaches !

Une fille de bonne famille fait très attention d'être au lit pas plus tard que 10 heures du soir, pour pouvoir rentrer à la maison avant minuit...

19

La parentèle

La famille, ce n'est pas seulement l'oncle d'Amérique, c'est tout à la fois les grands-parents, les oncles et tantes avec tous les cousins-cousines, plus les oncles et tantes et les cousins-cousines des parents, avec leurs enfants, les beaux-frères et belles-sœurs avec leurs maris et femmes et leurs enfants, etc. Faites donc la liste des personnes à inviter pour la bar-mitsva ou le mariage de votre fils, et vous découvrirez avec joie que votre famille couvre (presque) la moitié du globe. J'ai une tante au Brésil, une en Afrique du Sud, un oncle et deux tantes au Canada, une tante à Chicago, un oncle à Londres, trois oncles et deux tantes à Paris, quatre tantes en Israël, une belle-sœur et une cousine à New York, un cousin en Australie, d'autres à Toronto, Vancouver, Boston, Manchester.... ouf ! Quant aux cousins de ma mère, j'ai renoncé à l'âge tendre de quinze ans quand mon frère a fait sa bar-mitsva, car il a fallu ajouter le Maroc, l'Allemagne... J'ai eu peur de voir débarquer un cousin chinois qui nous aurait dit qu'on n'avait pas vraiment le type juif !

D'un autre côté, on a le sentiment rassurant d'être chaleureusement accueilli et d'être chez soi (presque) partout : n'est-ce pas merveilleux pour voyager ?

Tata Simy vient d'arriver de Tunisie. Elle est en visite chez sa nièce Mazal à Nice. Mazal lui fait visiter la ville le premier jour. Le deuxième jour, il fait très beau et elles décident de se reposer sur la promenade des Anglais. Elles prennent place sur des transats, et jouissent de la beauté du paysage. Au bout d'un petit moment, une femme s'approche et leur demande de payer. La tante Simy est très étonnée, mais elle s'exécute.

Midi arrive, ces dames ont faim. Elles partent quelque temps pour déjeuner, puis elles reviennent s'asseoir, sur les mêmes transats. Au bout d'un petit moment, la dame revient leur demander de payer. Tata Simy s'énerve.

La parentèle

— *Smata*[1] ! dit-elle à sa nièce.

— Mais, madame, proteste la dame, ce matin, c'est ce matin, et cet après-midi, c'est cet après-midi !

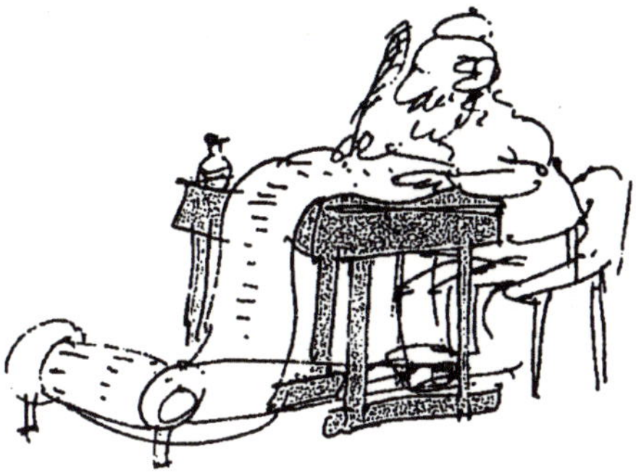

1. Ça suffit !

20

Les amis

Les amis, c'est presque la famille, c'est parfois plus que la famille. Ce qu'on dit à un ami, on n'ose pas le dire à sa femme, on lui raconte ses soucis. Mais aussi, ce qu'on fait à un ami, on n'ose pas le faire à un frère.

En hébreu, h'aver *signifie « ami », mais c'est aussi la personne avec qui on étudie le Talmud. Ce n'est pas quelqu'un avec qui on est toujours d'accord en tout et pour tout, bien au contraire. C'est celui qui contredit et oppose des arguments aux certitudes rassurantes, quelqu'un qui ébranle et inquiète, qui remet en question et permet ainsi d'avancer, de ne pas rester figé dans un comportement, une attitude, qui, pour être justes, doivent être susceptibles d'évoluer.*

On raconte dans le Talmud l'histoire de Rabbi Yoh'anan et de Rech Laquich. Rech Laquich était un ancien chef de brigands revenu au judaïsme sous l'influence de Rabbi Yoh'anan, dont il avait épousé la sœur. Pendant plusieurs années, ils furent des h'avérim *dans l'étude, et leur collaboration fut extrêmement fructueuse. Un jour, au cours d'une discussion tumultueuse à propos d'un point épineux de la loi, Rabbi Yoh'anan rappela à son beau-frère son passé de bandit. Ce dernier le lui reprocha et exigea des excuses. Mais Rabbi Yoh'anan persista et rien n'y fit, même sa sœur ne réussit pas à l'adoucir. Rech Laquich sombra dans la mélancolie et en mourut. Rabbi Yoh'anan restait seul pour étudier. Mais il ne le supporta pas, alors on lui amena un grand érudit pour remplacer Rech Laquich. Mais cet homme ne lui convenait pas du tout, et Rabbi Yoh'anan lui dit : « Avec Rech Laquich, chaque fois que j'avançais une hypothèse, il apportait vingt-quatre réfutations, et je devais répondre à chacune de ses objections, et ainsi l'étude prenait de l'ampleur et s'enrichissait. Avec toi, chaque fois que j'avance une hypothèse, tu m'apportes vingt-quatre arguments pour me dire que j'ai raison. Je sais que j'ai raison, ce que je veux, c'est que tu me contredises ! » Rabbi Yoh'anan sombra dans la mélancolie, il déchirait ses vêtements dans les rues de Jérusalem. Le prenant en pitié, les sages demandèrent d'abréger sa souffrance, et il mourut aussi.*

Les amis

Isaac est invité chez ses vieux amis Ephraïm et Sara un jeudi soir. Ephraïm et lui discutent du bon vieux temps tandis que Sara prépare Chabbat en se mêlant de temps en temps à la conversation. Ephraïm admire le merveilleux gâteau au fromage doré à point que Sara vient de sortir du four. Mmmm ! Pourrait-on juste en goûter ? Sara se fait bien un peu prier, mais chacun reçoit un petit morceau de la délicieuse friandise. Sara le range vite dans l'armoire sous le regard déçu d'Isaac : un gâteau de Chabbat, c'est pour Chabbat et pas pour un jour de semaine ! Dehors, une tempête éclate soudain, la pluie cingle les fenêtres, les éclairs se succèdent et le tonnerre les assourdit. Ephraïm demande :

— Sara, regarde comme il pleut. Isaac ne peut pas rentrer chez lui par un temps pareil, il va dormir chez nous.

— Mais, où veux-tu qu'il dorme ? Nous n'avons qu'un seul lit !

— Eh bien, il dormira avec nous sur le lit, il est assez large !

— Mais Ephraïm, un homme, dans notre lit !

— Sara, c'est mon meilleur ami, je me mettrai au milieu et lui de l'autre côté, ne t'inquiète pas, à soixante-dix ans, tu ne crains plus grand-chose !

Ainsi font-ils : Sara d'un côté, Ephraïm au milieu et Isaac de l'autre côté. Et voilà qu'au milieu de la nuit, Ephraïm se lève pour un petit besoin. Isaac se rapproche de Sara qui se sent soudain tout émoustillée.

— Isaac, oh, à quoi penses-tu, que veux-tu ? demande-t-elle d'une voix un peu haletante.

— Chère, chère Sara, mmmm, j'aimerais bien un morceau de ton succulent gâteau au fromage.

Fisher commence à raconter une histoire à son ami :

— Un jour, Cohen et Levine allaient...

— Cohen et Levine, Cohen et Levine, l'interrompt son ami, toutes tes blagues ne parlent que de Juifs ! Pourquoi ne racontes-tu jamais rien sur les Chinois, par exemple ?

— Tu as raison ! J'en ai juste une sur les Chinois ! Un jour, Shin Gou Minh et Lang Hun Tou se rendaient chez le neveu de Shin Gou Minh pour sa bar-mitsva...

Deux vieux amis devisent tranquillement sur la Canette au mois de janvier.

— Dis-moi, Albert, demande l'un des deux, est-ce que tu fais encore l'amour, parfois ?

— Hé ! Heu....

— Tous les combien, environ, Albert ?

— Hmmm...

— Allez, Albert, entre nous... toutes les semaines ?

— Non.

— Tous les mois ?

— Non.

— Alors, quand donc ?

— Une fois chaque hiver.

— Et cet hiver, Albert, tu as déjà fait l'amour ?

— Ecoute, franchement, regarde autour de toi : le ciel est limpide, le soleil brille, la mer est d'huile. Et regarde-nous : on est en petites chemisettes, alors est-ce qu'on peut appeler ça l'hiver ?

Deux amis bavardent, assis sur un banc dans un parc. L'un d'eux énonce gravement :

— Tu sais, la vie est comme une branche d'arbre.

L'autre reste silencieux un long moment, puis demande :

— Et pourquoi la vie est-elle comme une branche d'arbre ?

— Comment le saurais-je ? Je ne suis pas philosophe !

Deux amis entrent dans un grand café. Le premier :
— Je voudrais un thé.
Le second :
— Moi aussi, un thé... mais veillez à la propreté du verre !
Le garçon revient avec deux verres :
— Voilà les thés. Qui a commandé le verre propre ?

Avi rencontre Jonathan :

— Ah, ça me fait plaisir de te voir. Mais dis-moi, tu te rappelles, je t'ai prêté mille francs il y a un an ?

— Oui, Avi, tu m'as bien dépanné, c'était vraiment gentil.

— Quand vas-tu me les rendre ?

— Je ne sais pas, Avi, est-ce que je suis prophète ?

Ziegler souffre d'insomnie, malgré tous les traitements qu'il a suivis depuis des années, malgré tous les remèdes de grand-mère qu'il a exécutés à la lettre. Rien n'y fait. Son visage est complètement défait, il a les traits tirés, des cernes énormes, on dirait presque un drogué. Son associé de leur atelier de confection pour femmes de la rue de Tirenne s'inquiète :

— Tu vas finir à l'hôpital, Ziegler, si tu continues comme ça. Est-ce que tu as déjà essayé le truc des moutons ?

— Comment ?

— Tu te mets bien à l'aise dans ton lit et tu comptes les moutons. C'est tellement ennuyeux que tout le monde finit par s'endormir.

— Je le fais dès ce soir, merci beaucoup.

Le lendemain :

— Alors, Ziegler, tu as dormi cette nuit ?

— Oh ! Je suis désespéré ! J'ai compté les moutons, comme tu m'as dit. J'ai compté jusqu'à cinq mille, je les sentais passer dans ma tête, mais j'étais toujours bien réveillé. Alors je les ai tondus, les cinq mille moutons, j'ai encore mal au bras ! Mais je ne dormais toujours pas. C'est alors que j'ai eu l'idée de la filer, la laine. J'ai des cloques dans les mains, regarde, et je commençais à être fatigué. Ensuite, j'ai fait des manteaux avec cette laine, j'ai inventé des coupes révolutionnaires cette nuit ! Cinq mille manteaux ! J'ai commencé à m'endormir...

— Ah !

— Oui, mais c'est alors qu'une pensée terrible m'a complètement réveillé !

— Quoi ?

— Je n'avais pas de quoi faire les doublures !

Un homme marchait dans la rue quand subitement quelqu'un l'accoste en criant :

— Eh ! Rosenstein, qu'est-ce qui s'est passé avec toi ? Ça fait vraiment longtemps que je ne t'ai pas vu ! Regarde-toi !

— Mais, je ne...

— C'est incroyable comme tu as changé ! Avant tu étais grand comme une maison, maintenant tu es plus petit que moi ! Avant tu étais gros, maintenant tu es tout maigre ! Tu as été malade ou quoi ?

— Non, mais je ne...

— Enfin, c'est si bizarre, avant tu avais une belle chevelure noire et une moustache distinguée et maintenant tu es presque chauve et ta moustache a disparu ! Je me demande comment j'ai fait pour te reconnaître ! Rosenstein, qu'est-ce qui t'est arrivé ?

— C'est ce que j'essaie de vous dire, vous vous trompez, je ne suis pas Rosenstein.

— Oh, tu as même changé ton nom !

Deux amis se rencontrent et se racontent les dernières nouveautés.

— J'ai un nouvel associé. Il est très bizarre, il veut tout ce qu'il voit.

— Ah, ben alors, il faut absolument que je lui présente ma fille aînée !

Aaron rencontre Elie à un repas. Les deux sont très déprimés, les affaires vont très mal, chacun montre à l'autre qu'il a plus de raisons que lui d'être malheureux.

— Mon cher Elie, vraiment la vie n'est pas gentille avec moi. Avril et mai ont été des catastrophes ; juin un désastre ; juillet encore pire ! Pas une vente en un mois, tu te rends compte ? Incroyable ! Terrifiant ! Je crois...

— Attends, Aaron, l'interrompt Elie, tu crois que tu as des problèmes ? Ecoute ce qui m'arrive, à moi : ma femme m'a quitté pour un autre, ma fille se drogue, mon frère a un cancer, et mon fils, mon fils unique, m'a annoncé qu'il allait se marier avec son ami Richard ! Il est homosexuel ! Que peut-il y avoir de pire que ça ? Je te demande !

— Je vais te le dire, Elie : août.

Bialik se promène et aperçoit un vieil ami avec qui il échange régulièrement des bonne histoires et des mots d'esprit.

— Ah ! Bonjour, quoi de neuf ? demande Bialik.

Tout d'un coup son ami prend un air attristé.

— Oh, flûte ! Ce matin, j'avais une bonne histoire, mais maintenant je l'ai oubliée !

Et Bialik lui répond :
— S'il s'agit d'histoires oubliées, j'en ai une bien meilleure !

David a rendu visite un soir à Joseph, et ils parlent tranquillement quand brusquement un orage éclate. David a beau attendre, le temps passe et la pluie continue à tomber violemment, si bien que Joseph propose à son ami de dormir chez lui. David accepte immédiatement.

Joseph s'en va préparer la chambre, mais quand il retourne au salon, David a disparu ! Il le cherche dans toute la maison, en vain.

Une demi-heure plus tard, on tape à la porte, c'est David, trempé jusqu'aux os, qui se tient là, avec un petit sac à la main.

— Mais étais-tu donc ? Je t'ai cherché partout ! Tu es sorti ? s'étonne Joseph.

— Tu m'avais invité si gentiment, alors je suis allé chercher mon pyjama.

Vanessa a invité son amie Illana à déjeuner un jour entre copines, sans enfants et sans maris. Avant de passer à table, elle propose :

— Un petit verre avant le déjeuner ?
— Merci, mais je ne bois jamais.
— Pourquoi donc ?
— Parce que, devant les enfants ça ne se fait pas, et quand ils ne sont pas là, je n'ai plus besoin de boire !

Deux amis sont restés brouillés plusieurs années. Un beau jour, à l'issue de Kippour, ils décident de se réconcilier. Ils se serrent la main, et l'un d'eux dit :

— Il est d'usage de se souhaiter de bons vœux à la sortie de Kippour.

— Eh bien, je te souhaite exactement tout ce que tu me souhaites.

— Ah ! Voilà que tu recommences !

Claude, rentrant dans sa maison de campagne, aperçoit de loin son ami Shimon.

— Eh ! Shimon, que fais-tu là ?

— Tu vois, je me promène, je viens respirer l'air vivifiant de la forêt. Et toi ?

— Moi ? Ma maison est là, tu vois, au bout du petit sentier.

— Elle est très jolie, ta maison.

— Tu pourras venir nous voir, et même dîner avec nous, si tu es libre, ça fera très plaisir à ma femme.

— Avec joie !

— Nous y sommes. Ne te gêne pas, Shimon. Dès que tu en as envie, tu prends le train et tu viens. Tu seras accueilli à bras ouverts. Pour entrer, tu pousseras la porte du jardin avec ton genou, tu iras jusqu'à la porte de la maison et là, tu pousseras la porte avec ton pied et tu entreras. Nous serons très heureux de te recevoir.

— C'est très gentil à toi, Claude, mais pourquoi veux-tu que je pousse la porte avec les pieds ?

— Parce que tu n'auras pas les mains vides, Shimon !

Deux amis se rencontrent après des années de séparation. Moché roule en Rolls et Joseph en Bentley.

— Moché ! C'est bien toi ? Quel plaisir de te revoir ! Après tant d'années !

— Joseph ! Je n'arrive pas à y croire ! C'est extraordinaire, tu as réussi alors à en réchapper !

— Eh oui ! Dis donc, tu roules en Rolls, ça marche bien pour toi, hein ?

— Pas mal, j'ai quelques multinationales qui fonctionnent bien, elles sont bien cotées en bourse. Et toi, en Bentley, tu n'es pas non plus à plaindre à ce que je vois !

— J'ai une vingtaine de palaces qui tournent bien, je suis à l'aise. Mais viens, je te raconte tout ça en déjeunant chez Maxim's.

— D'accord, on fête nos retrouvailles ! Mais tu te rappelles Jacob ? Nous étions inséparables, en ce temps-là, sais-tu ce qu'il est devenu ?

— Aucune idée.

Tout à coup, apparaît au coin de la rue un homme perché sur un vélo minable.

— Eh, mais regarde donc qui est là ! C'est un miracle ! Jacob ! Que fais-tu là ?

— Moché ! Joseph ! Quel plaisir de vous revoir après si longtemps !

— Ecoute, Jacob, on a décidé de déjeuner chez Maxim's pour fêter nos retrouvailles, viens toi aussi !

— Ça me ferait très plaisir, mais c'est tout à fait impossible.

— Allez, Jacob, viens, entre amis, on se racontera le bon vieux temps !

— Mais non, Moché, tu ne vois pas, je ne peux pas, c'est impossible !

— Allez, Jacob, viens, on se racontera ce qu'on a fait depuis ce temps-là !

— Mais non, Joseph, tu ne vois pas, je roule sur un vélo pourri, je ne peux pas me payer un déjeuner chez Maxim's !

— Allez, Jacob, viens, c'est pas grave, tu ne manges pas, mais tu viens !

Deuxième partie

Le monde extracommunautaire

1

Les non-Juifs

Un non-Juif, en hébreu, c'est un goï *(ou* goy), *quelle que soit sa religion. Les chrétiens comme les musulmans et les hindous sont des* goïm (*ou* goyim). *Un goï est une personne avec qui l'on peut parler, manger, faire des affaires, travailler, que l'on peut inviter chez soi, honorer, soigner, mais à qui l'on ne donne pas sa fille à marier. Durant de nombreux siècles, le monde goï au sein duquel les Juifs vivaient n'était pas très bienveillant à leur égard, si bien que le mot goï a parfois pris une connotation péjorative pour désigner une personne antisémite sur les bords.*

Et ne dites pas que c'est du racisme que de ne pas donner sa fille à marier à un goï, parce que le racisme, on sait ce que c'est, et c'est autrement plus violent.

Rabbi Israël de Koznitz priait un jour Dieu en ces termes :

— Seigneur du monde, daigne sauver Israël, je T'en supplie. Et si Tu T'y refuses, daigne alors sauver les goyim !

Un seigneur arrive dans une petite ville de Pologne. Il rencontre un Juif.

— Moïché ! Où est la préfecture ?

— D'où savez-vous que je m'appelle Moïché ?

— Je l'ai deviné.

— Oui ? Alors, devinez où est la préfecture !

Deux amis Juifs marchent ensemble dans la rue en devisant tranquillement, quand ils voient deux non-Juifs avancer dans leur direction.

— Aïe, se disent-ils, on ferait mieux de s'éloigner, ils sont deux et nous sommes seuls.

Vers l'année 1936, un Juif polonais qui a émigré à New York vingt ans auparavant décide de rendre une visite à sa famille et à ses amis dans son shtetl natal. Il est accueilli comme un véritable héros, on lui fait les honneurs du village.

— Comme le shtetl a grandi depuis que je suis parti ! s'émerveille-t-il. Combien de Juifs habitent ici à présent ?

— Dieu merci, nous sommes environ trois mille Juifs.

— Extraordinaire ! Quand je suis parti, il n'y avait que mille Juifs ! Et combien de goyim ?

— Environ huit cents familles. C'est pratique, chaque famille juive a son chabbes goï qui vient allumer le feu le Chabbat matin, ainsi tout le monde a bien chaud toute la journée. Et à New York, combien de Juifs y a-t-il ?

— Environ deux millions.

— Deux millions ? C'est énorme ! Et combien de goyim ?

— Environ cinq millions.

— Cinq millions ! Et pour quoi faire, tant de chabbes goïm ?

Un Juif russe a pris le bateau pour le Nouveau Monde. A chaque repas, il se trouve à la même table qu'un Français avec lequel il ne peut absolument pas communiquer. il ne parle que le russe et le yiddish, et le Français ne comprend aucune de ces deux langues. Au début du premier repas, le Français s'incline et dit :

— Bon appétit.

Le Juif hésite puis répond :

— Pinsky.

A chaque repas, le Français souhaite un bon appétit et le Juif répond par son nom. Un autre passager qui a observé la scène révèle à Pinsky :

— Tu sais, « bon appétit » ce n'est pas son nom, cela veut dire qu'il te souhaite un repas agréable.

— Ah !

Au repas suivant, quand le Français s'approche, Pinsky s'incline et lui dit :

— Bon appétit !

Alors le Français, heureux :

— Pinsky !

Une réunion extraordinaire a lieu un jour sous Hitler, aux débuts du Troisième Reich : ils en ont assez qu'on dise tout le temps que les Allemands ne savent pas ce qu'est l'humour. Une personne est désignée pour enquêter sur cet important problème, et chargée de rapporter dans les meilleurs délais la réponse adéquate, sinon...

Parti plein d'enthousiasme, il déchante assez vite. En effet, au bout de trois mois, il a fait le tour de l'Allemagne sans avoir encore découvert le fabuleux secret. A la veille de la date fixée, découragé, il s'arrête dans une petite auberge tenue par un Juif, à proximité de la capitale.

— Eh, monsieur, vous avez l'air très chagriné !

— Oui, c'est demain le dernier jour et je n'ai pas trouvé ce pour quoi on m'a envoyé. J'ai peur de ce qui m'attend.

— Si je ne suis pas indiscret, monsieur, de quoi s'agit-il ?

— J'ai été envoyé pour découvrir ce qu'est le sens de l'humour.

— Oh ! Mais je vais vous le dire, moi... Voyons si vous saurez répondre à ma question : qui est le fils de mon père et qui n'est pas mon frère ?

L'envoyé du Reich a beau réfléchir, il ne trouve pas de réponse.

— Eh bien, si vous ne savez pas qui est le fils de mon père et qui n'est pas mon frère, je vais vous donner la réponse : c'est moi, Moché Kratchmer !

— Ah ! Ah ! Oui, c'est bien ça, l'humour, merci bien, je peux y aller maintenant !

Il en repart tout guilleret. Le lendemain, Conseil des ministres extraordinaire, tout le monde écoute l'envoyé spécial.

— Qui peut me dire qui est le fils de mon père et qui n'est pas mon frère ?

Tout le monde réfléchit, réfléchit, mais personne ne trouve de réponse.

— Vous ne savez pas qui est le fils de mon père et qui n'est pas mon frère ? Je vais vous le dire, c'est Moché Kratchmer !

Rosen et Lévi sont associés dans un magasin de chaussures. Un été, Rosen part en vacances en Italie : Rome, Venise, Florence... A son retour, il est interrogé par son associé :

— Alors, comment c'était ton voyage en Italie ?

— Formidable !

— Est-ce que tu as vu le pape ?

— Bien sûr !

— Alors ?

— Je pense qu'il chausse du trente-neuf.

Dans un restaurant cacher de New York, Shimon commande son repas à un serveur chinois qui, à sa grande stupéfaction, parle yiddish à la perfection. Il va trouver le maître d'hôtel :

— Comment avez-vous fait pour dénicher un Chinois qui parle le yiddish ?

— Chut ! Il croit qu'il apprend l'anglais !

Un jeune prêtre se trouve dans une rue de New York et aperçoit une énorme enseigne : « Pincus & O'Toole ». Il entre et est accueilli par un homme portant barbe et yarmulka[1]. Le prêtre s'émerveille :

— Comme je suis heureux de voir que votre peuple et le mien se rencontrent dans l'amitié et dans le travail. C'est véritablement une très agréable surprise.

— Eh bien, répond l'homme, j'ai une plus grande surprise pour vous : je suis O'Toole !

Un Juif américain travaille dans une ville du Sud et s'aperçoit qu'il est le seul à adhérer aux lois contre la ségrégation raciale.

— Avez-vous une fille ? lui demande un collègue.

— Oui, vous le savez bien.

— Et vous la laisseriez aller à l'école avec des nègres ?

— Je pense que j'obéirais à la loi.

— Et vous la laisseriez se marier avec un nègre ?

— Franchement, cher ami, je ne pense pas que je la laisserais se marier avec quelque goï que ce soit !

A New York, un Juif aperçoit dans le métro un Noir qui lit un journal yiddish. Il est étonné, surpris, ravi, admiratif. Mais il demande :

— Excusez-moi, monsieur, est-ce que vous seriez juif par hasard ?

— Il manquerait plus que ça !

1. Calotte russe de grande taille, brodée de fils multicolores.

C'est un Juif orthodoxe converti de fraîche date au catholicisme. Il est invité à prêcher au service du dimanche matin. Il s'installe fièrement à la tribune et commence :

— Chers amis goyim...

Un vieux Juif est admis dans un hôpital catholique pour y subir une opération. Une bonne sœur lui demande qui paiera et le vieil homme répond :

— La seule parente que j'ai est ma sœur, mais c'est une vieille fille qui s'est convertie au catholicisme et qui est devenue une nonne.

— Une minute, je vous prie, répond la bonne sœur, vexée, il faut juste que vous sachiez que nous ne sommes pas des vieilles filles, mais que nous sommes mariées à Notre-Seigneur Jésus-Christ.

— Bien, répond le vieil homme, alors dans ce cas, envoyez la note à mon beau-frère !

Trois Juifs candidats à la conversion au catholicisme passent un contrôle de connaissances.

— Qu'est-ce que la fête de Pâques ? demande-t-on au premier.

— Pâques ? C'est quand Jésus est né, répond-il.

— Retourne étudier ! lui dit-on. Au suivant !

— Qu'est-ce que la fête de Pâques ? demande-t-on au second.

— Pâques, répond-il, c'est quand Jésus a fendu la mer Rouge.

— Désolé, vous avez besoin d'étudier encore un peu, lui dit l'examinateur. Au suivant !

— Qu'est-ce que la fête de Pâques ? demande-t-on au troisième candidat.

— Pâques, c'est quand le Christ a ressuscité, répond-il avec hésitation.

— Très bien, continuez, je vous prie.

— Bon, heu... il était dans sa tombe pendant trois jours...

— Excellent. Et ensuite ?

— Ensuite il en est sorti, il a vu son ombre et il y est retourné très vite !

L'archevêque de Paris était invité un jour chez le baron de Rothschild. Celui-ci lui fit servir, évidemment, un château-rothschild qui, comme chacun sait, est un excellent vin rouge. Seulement, on ne lui servit que la moitié du verre, et l'archevêque aimait les verres bien remplis. Que fit-il ? Il prit la carafe d'eau et compléta son verre. Le baron fut surpris :

— Monseigneur, il ne faut pas baptiser ce vin...

— Oh, répondit le prélat, je ne le baptise pas, je le coupe !

2

Les rencontres œcuméniques

Des rencontres entre personnes de différentes religions avaient souvent lieu déjà au Moyen Âge, cela s'appelait disputatio *et se passait entre juifs et chrétiens. Ces rencontres avaient pour but évident de chercher à convaincre les juifs de la supériorité de la foi chrétienne sur le judaïsme et d'inciter en douceur les juifs à se convertir au christianisme. Chacun sait ce que la rage de ne pas réussir a entraîné, avec son cortège de croisades, d'inquisition et autres pogroms.*

De nos jours, si la rage de convertir est passée, la tradition des rencontres œcuméniques est perpétuée. Elle vise surtout à établir un dialogue pacifique entre les diverses croyances et à amener un peu de compréhension au lieu de l'hostilité due à l'ignorance. Je dois dire que, si je n'ai toujours pas compris la notion d'Immaculée Conception, j'ai tendance à penser aujourd'hui qu'elle a un rapport avec une certaine définition de la mère juive. D'ailleurs, le mot vierje *est incrit dans les mots* « mère juive »...

Un rabbin, un curé, un pasteur et un moine bouddhiste se rencontrent. De quoi parlent-ils ? De Dieu, bien sûr.

— Dieu est dans le ciel, affirme le curé.

— Dieu est sur la terre, rétorque le pasteur.

— Dieu est en nous, proteste le moine.

— Dieu est là où on le laisse entrer, réplique le rabbin.

Dans une bourgade d'Italie, au Moyen Age, où vivait une petite communauté juive, le prêtre catholique haïssait les Juifs. Un jour, il imagina une façon radicale de se débarrasser d'eux : il était de coutume à l'époque de tenir des « disputations », sortes de débats théologiques très prisés entre gens de différentes religions. Le prêtre décida que dans une semaine jour pour jour, aurait lieu une disputation, non en paroles, mais, en signes, de la main ou du visage, en utilisant des objets. Si les Juifs perdaient, ils devraient quitter la ville ; s'ils gagnaient, ils pouvaient rester sur place.

L'angoisse était grande dans la petite communauté : le rabbin était certes un érudit, mais débattre en silence, en langage de signes... Comment faire ?

La seule personne de toute la communauté prête à affronter contre le prêtre était Shimon, qui tenait un commerce de volailles. Sa femme s'insurgea :

— Mon pauvre Shimon, es-tu devenu fou ? Qu'est-ce que tu connais en théologie ? Tous les érudits de la communauté ont décliné cet honneur douteux.

— Ma chère femme, répondit Shimon, je n'ai tout simplement pas le choix. Qui d'autre a accepté de le faire ? Si personne ne se décide, nous serons bel et bien bannis.

Le jour du débat, toute la ville se retrouva sur la place du marché, les Juifs d'un côté, les catholiques de l'autre, le prêtre en longue robe blanche, Shimon en blouse bleue.

Le débat commença : le prêtre dessina en l'air un énorme cercle. Après lui Shimon s'avança et tapa des pieds sur le sol. Le prêtre eut l'air atterré.

Puis le prêtre se calma et continua : il s'avança et brandit trois doigts en l'air. Shimon s'avança et montra un doigt en l'air. Le prêtre eut l'air tout penaud, hésita un peu, mais continua malgré tout : il prit une coupe de vin et une miche de pain. Il rompit le pain, but une gorgée de vin de la coupe et recula, satisfait. Shimon s'avança, une pomme à la main. Il en croqua une bonne bouchée. Le prêtre leva les mains, désespéré :

— J'ai perdu ! annonça-t-il. Les Juifs peuvent rester en paix !

Les Juifs n'osaient pas montrer leur joie devant les catholiques consternés qui se rassemblaient autour de leur chef spirituel :

— Saint Père, dites-nous ce que représentent ces symboles.

— Mes enfants, répondit le prêtre, j'ai commencé par décrire un grand arc de cercle, pour montrer aux Juifs que Dieu est partout. C'est alors qu'il a sauté sur ses pieds pour me montrer que Dieu n'est pas en enfer. Ensuite j'ai levé trois doigts pour énoncer la Sainte Trinité ; lui a levé un doigt pour affirmer que Dieu est Un et indivisible. Pour terminer, j'ai pris le pain sacré de la vie éternelle et la coupe du salut perpétuel, représentant le corps et le sang de Notre Sauveur, mais le Juif a brandi la pomme, pour me rappeler la faute originelle, et là j'ai vu que j'étais à bout de mes arguments.

De l'autre côté de la ville, Shimon était porté en triomphe par la communauté en liesse.

— Tu es vraiment un homme très sage, lui disait le rabbin, et maintenant, explique-nous les signes que vous avez faits tous les deux.

— Pas de problème, répondit Shimon. D'abord, le prêtre a fait un grand cercle avec sa main, montrant une direction lointaine pour dire que les Juifs devaient quitter la ville et trouver un autre endroit pour vivre. Moi, je lui ai répondu non, en tapant des pieds sur le sol, nous continuerons à vivre ici. Ensuite il a essayé de me dire que nous avions trois jours pour abandonner la ville, alors j'ai levé un doigt pour lui affirmer que pas un seul d'entre nous n'avait la moindre intention de partir. En fin de compte, j'ai vu qu'il en avait assez, parce qu'il a sorti son déjeuner, alors j'ai sorti le mien !

Dans cette ville d'Alsace et à cette époque, les lieux de jeu et le jeu lui-même sont strictement interdits. Cependant, bravant ces interdits, quatre hommes passionnés de poker se réunissent clandestinement chaque semaine dans un grenier pour jouer : deux curés, un pasteur et un rabbin.

Ils se rencontrent depuis plusieurs semaines quand, un beau jour, dénoncés par un dévot, ils sont surpris par l'évêque de la ville. Ils cachent précipitamment leurs cartes sous la table. L'évêque entre dans une fureur folle, les menace de les désigner à la vindicte publique, leur promet la prison. Pétrifiés de terreur, ils nient farouchement.

— Tu es prêt à jurer sur Dieu que tu n'étais pas en train de jouer ? demande l'évêque à l'un des curés.

— Je vous le jure, sur Notre-Seigneur, je ne jouais pas, on était là entre amis, on... on parlait !

— Et toi, tu me jures sur Dieu que tu ne jouais pas ? continue l'évêque avec l'autre.

— Je vous le jure sur Dieu, je ne jouais pas.

— Et toi aussi, tu es prêt à jurer que tu ne jouais pas ? demande-t-il au pasteur.

Voyant que les deux curés ont reculé, le pasteur décide d'en faire autant.

— Je le jure, je ne jouais pas.

— Et toi, le rabbin, tu jures sur Dieu que tu ne jouais pas ?

Alors le rabbin, outré, montre ses complices :

— Et avec qui voulez-vous que je joue ?

Deux anciens camarades d'école se rencontrent dans la rue. L'un est curé, l'autre est devenu rabbin. Ils s'embrassent, évoquent quelques souvenirs, s'inquiètent mutuellement de leur santé.

— Alors, ce n'est pas trop dur, le sacerdoce ?

— Non, non, ça va.

— C'est une vie de sacrifices.

— Oh, ce n'est pas si terrible.

— Et tu ne dois pas gagner beaucoup d'argent, tu manges à ta faim ?

— Je gagne une misère, mais je cède quand même au péché de gourmandise.

— Ah ! Comment cela ?

— Une fois par mois, je vais dans un des meilleurs restaurants de la ville, chaque fois un différent. Je m'installe tôt le soir et je commande tous les plats, et je mange et je mange au fur et à mesure qu'on me les apporte. Je ne paie pas, je n'ai pas d'argent, bien sûr. Je reste très tard, j'attends la fermeture parce que les serveurs changent au milieu de la soirée. Quand on m'amène l'addition, je fais l'étonné : « Ah, mais j'ai déjà réglé l'addition depuis longtemps à votre collègue ! Il est certainement parti ! » Comme il est vraiment parti, ils ne peuvent pas vérifier, et personne n'ose mettre ma parole en doute ! Je m'en vais tranquille.

— Ça alors !

Le rabbin est impressionné.

— Justement, tu sais, aujourd'hui, c'est mon jour de restaurant. Viens avec moi, on pourra continuer à discuter.

Ils vont ensemble au restaurant, ils passent comme prévu la soirée à manger et discuter. Tard dans la nuit, à la fermeture, un serveur s'approche et leur demande de payer leur addition. Le curé :

— Nous avons déjà payé il y a une heure au moins, à votre collègue.

Le rabbin :

— Oui, et même qu'on attend la monnaie !

Un curé demandait un jour à un rabbin pourquoi les Juifs marient leurs filles si jeunes.

— Je vais vous le dire, lui répondit le rabbin, il y a bien longtemps, une des nôtres s'appelait Marie. Comme on a tardé à la marier, il lui arriva une très fâcheuse histoire !

Un rabbin et un prêtre discutent de leur métier.

— Avez-vous de l'ambition ? demande le prêtre.

— Oh, répond le rabbin, je pense que je pourrais avoir une plus grande communauté. Et vous ?

— Moi, je pense que je pourrais devenir cardinal.

— Et ensuite ?

— Ensuite ? Ce n'est pas assez ? Vous voudriez que je devienne Dieu ?

— Vous savez, répond doucement le rabbin, l'un de nous l'a déjà fait.

⁂

D'où sait-on que Jésus était bien juif ?

Pour quatre raisons :

1. Il avait trente ans, était célibataire et vivait chez sa mère.
2. Il est entré dans l'affaire de son père.
3. Il croyait que sa mère était vierge.
4. Et sa mère le prenait pour Dieu.

⁂

Moïse et Jésus ont ressuscité. Ils décident de concert de rencontrer les Juifs qui vivent autour du lac de Tibériade et les chrétiens qui s'y rendent en visite. Ils décident d'essayer à nouveau de marcher sur les eaux. Moïse entre le premier et, devant les yeux émerveillés des spectateurs, marche sur l'eau. Jésus entre après et coule tout de suite jusqu'au cou. Moïse se précipite à son secours, lui tend la main et murmure :

— Sur les pierres ! Sur les pierres !

⁂

Au cours d'un dîner, un évêque et un rabbin sont assis l'un à côté de l'autre. On sert un rôti de porc. Le rabbin refuse d'en prendre. L'évêque, d'un air malicieux :

— Vous n'en mangez pas, monsieur le rabbin ?

— Non, Monseigneur, ma religion me l'interdit.

— Comme c'est dommage ! Vous ne savez pas ce que vous perdez !

Le dîner terminé, ils s'en vont. Le rabbin prend congé de l'évêque :

— Monseigneur, veuillez présenter mes hommages à votre femme.

— Mais, je ne suis pas marié : ma religion me l'interdit.

— Comme c'est dommage ! Vous ne savez pas ce que vous perdez !

Un rabbin et un évêque ont été invités à manger à la table du président. Le rabbin accepte à condition que sa nourriture soit cachère dans des ustensiles cachers. Il est fait selon sa volonté.

Au cours du repas, l'évêque regarde avec insistance les plats réservés au rabbin, et lui lance à voix bien haute :

— Monsieur le rabbin, quand donc arrivera le jour où nous pourrons vous et moi manger de la même nourriture ?

Le rabbin lui répond, lui aussi à voix haute :

— Si Dieu le veut, le jour de votre mariage, monsieur l'évêque !

Un rabbin, un curé et un pasteur se rencontrent. Ils discutent pour savoir comment l'argent ramassé dans la synagogue, l'église ou le temple, est réparti entre l'entretien et le maître du culte.

— Moi, dit le curé, je trace une ligne par terre. Je me place sur la ligne. Je jette l'argent en l'air : ce qui tombe du côté droit, c'est pour l'église, ce qui tombe du côté gauche c'est pour moi.

— C'est bien, mais moi, dit le pasteur, c'est différent : je trace un cercle et je me place dedans. Ce qui tombe dans le cercle c'est pour le temple, ce qui est en dehors c'est pour moi.

— C'est bien, mais moi, dit le rabbin, je fais encore différemment : je ne trace rien du tout au sol, je jette l'argent en l'air et je dis : Dieu, garde ce dont Tu as besoin et laisse-moi le reste. Ce qui retombe, c'est pour moi.

Un curé et un Juif se trouvent assis face à face dans un train. De quoi parlent-ils ? De religion, de Dieu et de Jésus !

— Je n'arrive pas à comprendre, commence le curé, la bêtise de Judas.

— Pourquoi donc ?

— Il a vendu Jésus pour trente deniers, ce n'était pas très judicieux.

— Croyez-moi, monsieur le curé, s'il l'a vendu à ce prix-là, c'est qu'il ne devait pas valoir plus.

Le rabbin Pérez et l'abbé Morinet sont de grands amis. Ils ont toujours évité de parler de religion. Pourtant, un jour, l'abbé s'y risque :

— Dites-moi : croyez-vous à la grande sagesse de votre Dieu ?

— Évidemment !

— Alors pourquoi ne vous a-t-il pas fait naître tout circoncis, pour vous éviter la douleur de la circoncision ?

— Eh ! Monsieur l'abbé, je ne sais vraiment pas ! répond le rabbin en riant.

Quelques secondes plus tard, le rabbin demande :

— Et vous, monsieur l'abbé, croyez-vous en la grande sagesse de votre Dieu ?

— Évidemment !

— Alors pourquoi, puisqu'il savait que vous ne vous marieriez jamais, ne vous a-t-il pas fait naître sans....

— J'ai compris ! J'ai compris !

Un juif et un chrétien discutent :

— Imagine, dit le chrétien, si Moïse était tombé dans un précipice en montant sur le Sinaï, tu ne serais peut-être pas juif ?

— Peut-être bien. Et toi, imagine, si la Vierge avait fait une fausse couche, tu ne serais peut-être pas chrétien ?

Un rabbin et un curé font le même voyage en train. Ils sympathisent, discutent, et au bout d'un moment le curé demande :

— Rabbin, me permettez-vous de vous demander s'il vous est jamais arrivé de manger du... ?

— Eh oui, je l'avoue... la faim, la tentation... Mais Dieu pardonne dans Sa grandeur... Mais puis-je moi-même vous poser une question : vous est-il jamais arrivé de... connaître une femme ?

— Hélas, oui, je l'avoue. La faiblesse humaine, un moment de folie, ce fut un péché mortel... Mais j'espère avoir été pardonné.

Petit silence méditatif. Puis le rabbin donne un coup de coude au curé :

— C'est quand même meilleur que le porc, hein ?

Un curé, un pasteur et un rabbin parient :

— Jésus-Christ, c'est moi, dit le pasteur, regardez, j'ai sa jeunesse, sa beauté, sa prestance. Voyez ma barbe et mes cheveux, voyez mes habits, vraiment, Jésus-Christ, c'est tout à fait moi !

— Vous n'y êtes pas du tout, rétorque le curé, la preuve c'est que j'ai sa compassion, son amour pour les hommes. Dès que quelqu'un pleure, j'en suis effondré ; je dois absolument le secourir, l'aider, je fais tout mon possible pour cela. Jésus-Christ, c'est plutôt moi.

— Moi, je n'ai même pas besoin d'argumenter, répond le rabbin, vous allez l'entendre par vous-même, que Jésus-Christ, c'est moi.

Il les emmène au bordel à 5 heures du matin. Il tape à une porte. Une femme regarde par une petite ouverture et s'exclame :

— Jésus-Christ, it is you again !

3

Les voyages

« Les voyages forment la jeunesse. » Quelqu'un m'a fait remarquer récemment que de nombreuses histoires juives se passaient dans les trains. La raison en est assez simple, hélas : pourchassés de pays en pays, limités dans leurs activités professionnelles et commerciales et dans leurs possessions territoriales par les lois édictées à leur encontre, les Juifs ont été un peuple voyageur jusqu'à une période très récente. Les caricatures montrent les vieux Juifs colporteurs sur la route, avec leur baluchon à l'épaule. Cela correspondait hélas à la réalité.

Aujourd'hui, les Juifs connaissent pour la plupart l'aéroport de Tel-Aviv, de New York, de Londres, de Bangkok, de Bruxelles, de Zurich, de Rome ou de Hong Kong.

J'ai appris un tuyau : on vend à la boutique duty free de Tel-Aviv non seulement des boîtes de conserve contenant de l'air de Jérusalem, mais aussi des flacons renfermant de l'eau de la mer Morte, sous forme de produits de beauté, et même des petites boîtes de poussière (sainte, bien sûr) de Jérusalem. Les premiers seront les mieux servis !

A la gare de Lodz, deux commerçants concurrents se rencontrent :

— Tiens, Rosner, bonjour. Où vas-tu ?

— Bonjour, Ploteck. Je vais à Cracovie.

— Quel baratineur ! soupire Ploteck. Si tu me dis que tu vas à Cracovie, c'est pour me faire croire que tu vas à Varsovie. Or, il se trouve que je sais parfaitement que tu vas à Cracovie, alors pourquoi mens-tu ?

Un Juif rencontre un moujik sur la route :

— Où vas-tu ? demande le moujik.

— Je vais à Kiev.

— Comment, à Kiev ? Tu ne sais pas que Kiev est à trente kilomètres, et tu es tout seul à pied, sur la route...

— Si, je le sais.

— Et que vas-tu faire à Kiev ?

— Oh, je n'ai rien à y faire, mais je trouverai bien quelqu'un là-bas pour me ramener ici.

Dans une diligence pleine de monde qui accomplit un très long voyage, l'un des passagers passe son temps à se plaindre :

— J'ai soif ! Oh ! comme j'ai soif ! Je crève de soif !

Durant toute une étape il n'arrête pas de gémir, à tel point que les autres passagers n'en peuvent plus. Dès le premier arrêt, une femme descend et lui apporte une pleine cruche d'eau fraîche que l'homme boit goulûment d'un seul trait. Il pousse un long soupir, remercie, puis :

— Oh, comme j'avais soif ! J'avais soif !

Un Juif du shtetl revient de Varsovie qu'il visitait pour la première fois de sa vie. Émerveillé, il raconte ce qu'il a vu à ses amis rassemblés autour de lui :

— Varsovie est une ville absolument extraordinaire ! J'y ai rencontré un Juif qui était un grand savant du Talmud, il connaissait des passages entiers du Talmud par cœur ! J'ai rencontré un Juif qui était un ardent communiste, un vrai ! J'ai rencontré un Juif qui avait ouvert un magasin et qui employait plus de cinquante personnes, il avait une grande et belle maison avec plusieurs domestiques ! Et j'ai rencontré un Juif qui était complètement athée ! Quelle diversité, à Varsovie !

— Mais c'est normal que tu aies rencontré des Juifs si différents, Varsovie est une très grande ville. Il doit bien y avoir un million de Juifs là-bas. En quoi est-ce si extraordinaire ?

— Vous n'avez pas compris ! C'était le même Juif !

Un Juif qui vient d'arriver d'Europe de l'Est en Amérique aperçoit, un jour de Chabbat, assis sur un banc dans un jardin public, un autre Juif lisant un journal yiddish en fumant un cigare.

— Extraordinaire, se dit-il, ici, même les goyim savent lire le yiddish !

Paris-New-York, aller.

Dans la salle d'embarquement, une jeune femme d'une grande beauté passe devant les yeux médusés d'un jeune Juif qui voyage pour affaires. Il ne peut plus la quitter des yeux. Elle a l'air un peu hautaine, mais il aime la difficulté.

Il s'arrange pour s'asseoir à côté d'elle dans l'avion. Elle feuillette avec une grande concentration un magazine de mode. Il commence, avec son petit accent yiddish :

— Banjour, jé voyage pour mon commerce, c'est un plaisir pour moi d'être assis à côté d'ine aussi belle jêne fille...

Pas de réponse, mais concentration accrue dans la lecture.

— Jé descends à l'hôtel Sheraton, on pourrait pêt-être dîner ensemble... (Silence... Qui ne dit mot consent.) Après lé répas, vous pourriez pêt-être monter dans ma chambre pour boire un dernier verre... et après le dernier verre, on pourrait pêt-être....

La jeune fille, absolument furieuse :

— Never !

Et le jeune homme, ravi :

— Neuvér, neuvér et demie...

New-York-Paris, retour.

Dans la salle d'embarquement pour le prochain vol Paris-New-York, ce jeune Juif remarque une jeune femme d'une grande beauté, très soignée, de grands yeux langoureux, de splendides cheveux, une bouche sensuelle, un teint de pêche, et plutôt court vêtue... tout à fait le style qu'il apprécie !

Par une chance extraordinaire, ils se retrouvent assis côte à côte dans l'avion. Il hume son parfum avec délice. Elle est très exubérante et se met à lui parler avec volubilité :

— Oh, vous savez, j'étais au Congrès des nymphomanes, comme c'était intéressant ! Vraiment, comme j'aime les hommes, ô les hommes ! Ceux que j'aime particulièrement, ce sont les docteurs, vous savez, avec leurs blouses blanches un peu ouvertes en haut, qui laissent passer quelques poils virils de leur torse puissant, les docteurs ! Oh, et puis, je suis folle des Indiens, avec leur peau un peu rouge, leurs pommettes hautes, leurs yeux un peu bridés ! Mais ceux que j'aime par-dessus tout, qui m'excitent le plus qui, me font complètement craquer, ce sont les Juifs ! Les Juifs, avec ce petit quelque chose en moins qui leur ajoute tellement plus !

Alors le jeune homme, profitant d'un silence :

— On discute, on discute, et je ne me suis même pas présenté : docteur Géronimo Cohen !

Un rabbin se rend en pèlerinage en Israël à Bethléem dans sa Subaru. Il est à proximité du tombeau des patriarches quand, tout à coup, il pile. Il écarquille les yeux, se tire la barbe, touche son couvre-chef. Il redémarre, fait quelques mètres et pile de nouveau. Il fixe un point près de lui, agite vigoureusement la tête, redémarre. Enfin, il s'arrête à la hauteur de ce qui l'intrigue tant : un vieillard à longue barbe blanche, vêtu d'une longue robe blanche, conduisant un âne blanc sur lequel est assise une femme elle aussi vêtue de blanc, enceinte. Le rabbin s'adresse au vieil homme :

— Vous ! Vous ne vous appelez pas Joseph, par hasard ?

— Oui, parfaitement, répond l'homme.

— Et la femme enceinte, là, sur l'âne, elle s'appelle Marie, n'est-ce pas ?

— Oui, tout à fait.

— Mon Dieu, mon Dieu ! Et le garçon qui va naître, vous allez l'appeler Jésus, n'est-ce pas ?

— Ah non ! On n'est pas des Portugais !

Une femme se présente dans les bureaux d'El Al à New York afin d'acheter un billet pour Israël. Elle porte un chien dans son sac.

— Je veux prendre mon chien avec moi, dit-elle.

— Impossible, lui répond l'employé.

— Je veux mon chien avec moi ! insiste-t-elle.

— C'est interdit, mais nous avons dans l'avion un compartiment réservé aux animaux domestiques, votre chien y sera tout à fait en sécurité. Si vous insistez pour que votre chien soit à vos côtés, je suis désolé de vous dire que ni vous ni votre chien ne serez admis à monter dans l'avion.

La femme finit par accepter, et l'animal est emmené avec les bagages. A l'arrivée de l'avion à l'aéroport Ben-Gourion, le steward s'aperçoit avec horreur que le chien est mort. Que va-t-il pouvoir raconter à cette femme ? Il appelle un assistant à la rescousse :

— Regarde bien ce chien, lui dit-il, c'est un cocker marron clair. Tu vas à Tel-Aviv, tu m'achètes un cocker marron clair de la même taille que celui-ci, et tu reviens le plus vite possible. Elle n'y verra que du feu.

Le steward, de son côté, retient la femme, lui raconte que les formalités douanières sont longues avant d'admettre l'entrée d'un chien dans le pays.

L'assistant arrive avec le chien vivant. Le steward le substitue au chien mort et le présente à la femme. Celle-ci a à peine jeté un coup d'œil, qu'elle s'écrie :

— Ce n'est pas mon chien ! Ce n'est pas mon chien !

— Mais si, madame, c'est votre chien.

— Non, ce n'est pas mon chien ! répète la dame en criant.

— Comment cela ? demande le steward.

— Mon chien était mort, je l'amenais pour l'incinérer en Terre sainte !

Un Juif polonais voyage à New York et demande à un passant :

— Do you speak yiddish ?

L'homme hoche la tête négativement. Le Juif arrête un autre passant, qui répond aussi par la négative ; à une troisième personne, il repose sa question :

— Do you speak yiddish ?

— Bien sûr, répond l'autre.

— Please, vat time is it ?

Aaron et Jérémie ont décidé de passer leurs vacances à Hawaii. Durant le voyage, ils discutent au sujet de la prononciation correcte du mot Hawaii : Aaron affirme qu'il se prononce Haouaii tandis que Jérémie insiste pour dire Havaii. Ils finissent par parier entre eux, et dès qu'ils arrivent sur l'île ils se précipitent sur la première personne qu'ils voient :

— Bonjour, dit Aaron, pourriez-vous me dire comment vous prononcez le nom de l'île sur laquelle nous nous trouvons ?

— Havaii, répond l'homme.
— Merci, triomphe Jérémie.
— You're velcome [1], répond l'homme.

1. *You're velcome* : de rien ; en prononciation correcte, cela se dit : *you're ouelcome.*

4

L'argent

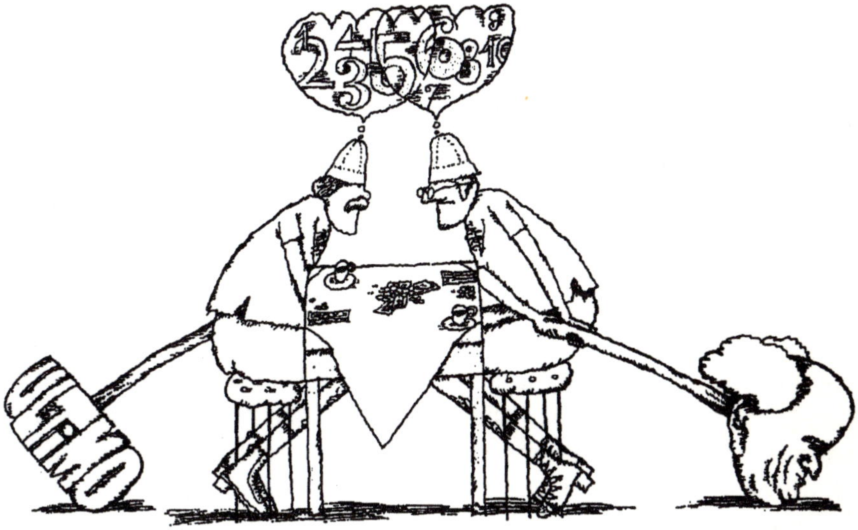

L'argent n'est pas un sujet tabou, épineux ou délicat. Les Juifs sont tout autant attachés à l'argent que n'importe quel Écossais, Américain, Suisse, Polonais, Grec, Japonais, Italien, Arménien ou Français, catholique, protestant, chrétien orthodoxe ou musulman. S'il est vrai que l'argent ne fait pas le bonheur, chacun est d'accord pour dire qu'il y contribue un petit peu. Et les Juifs aussi veulent être heureux ! N'est-ce *pas ?*

Ernst Lubitsch rapportait un jour la malédiction juive la plus terrible qu'il connaisse : « Je vous souhaite d'avoir plein d'argent, et d'être le seul de votre famille à en avoir ! » Terrible !

On ne trouvera pas ici la ribambelle d'histoires parfumées d'antisémitisme racontées sur les Juifs et l'argent. Les Juifs ne sont pas plus rapaces ou plus malhonnêtes que les autres. Il y a des radins chez les Juifs comme il y a des Juifs généreux. Il y a des pauvres comme il y a des riches, et tous les Juifs ne sont pas des Rothschild ou des... Rockefeller (devinette : était-il juif ?). Si certains Juifs exhibent leur argent de manière ostentatoire, c'est qu'ils n'aiment pas les cachotteries.

Deux amis se rencontrent pendant le krach boursier.

— Oh ! J'ai tout perdu, je suis complètement ruiné ! Je suis tellement angoissé que je n'arrive même plus à dormir la nuit !

— Et moi, tu sais, mes pauvres parents sont morts l'an dernier. Ma pauvre femme est tombée très malade. Mon fils a fait faillite et ma fille, Dieu la préserve, se morfond sans trouver d'époux. Quant à mes affaires, je ne peux même pas t'en parler : moi aussi, j'ai tout perdu. Mais, je dors comme un bébé !

— Ah bon ? Comme un bébé ? Comment fais-tu ?

— Oui, comme un bébé : je dors deux heures, je me réveille, je pleure, je dors deux heures, je me réveille, je pleure... !

Furth a perdu son portefeuille à un dîner. Lorsqu'il s'en rend compte, il prend le micro et dit :

— Mesdames et messieurs, j'ai égaré mon portefeuille ce soir, il contenait cinq mille francs. J'offre trois cents francs à la personne qui me le retrouvera.

Une voix surgit du fond de la grande salle :

— J'offre quatre cents francs !

Didier Malka est un passionné de jeu. Malheureusement, ce jour-là, il n'a plus que cent francs en poche. Il est sur le point de poser son billet quand il entend une voix :

— Mise sur le 12 !

Stupéfait, il se retourne en sursautant pour découvrir d'où vient cette voix.

— Non, non, ne cherche pas, toi seul m'entends. Mise sur le 12, je te dis, tu ne le regretteras pas !

Abasourdi, Didier mise sur le 12 : après tout, il n'a pas grand-chose à perdre. La roue tourne, tourne, s'arrête : c'est le 12 qui gagne ! Merveilleux ! Didier, très heureux, empoche quatre mille francs en pensant à sa femme. Il se dirige vers la sortie du casino, lorsque la voix le rappelle :

— Mise sur le 20 !

— Mais... Mais... Je rentre chez moi...

— Mise sur le 20 !

Didier mise sur le 20, la roulette tourne, tourne, s'arrête : c'est le 20 qui gagne. Incroyable ! Didier se retrouve possesseur de quinze mille francs. Il est très heureux, mais il ne veut pas tenter le sort et préfère rentrer chez lui donner cet argent à sa femme. Or la voix, insistante :

— Maintenant, tu mises sur le 15.

— Ah non ! Je rentre chez moi !

— Mise sur le 15, je te dis !

Didier ne peut pas résister à cette voix qui l'a déjà fait gagner deux fois. Il mise sur le 15. Il gagne un troisième fois. Cette fois, il empoche cent mille francs. On n'a jamais vu ça, quelqu'un qui gagne trois fois de suite ! C'est fabuleux ! Didier veut absolument partir avec son gain, mais la voix le poursuit encore :

— Mise sur le 8 !

Subjugué, Didier mise. La roulette tourne, tourne. C'est le 9 qui gagne. Alors la voix :

— Oh, merde !

Aaron vient d'arriver en France, il ne connaît pas le fonctionnement des administrations, des institutions, de la banque... Son ami se charge de l'instruire :

— La banque, c'est très simple, pour ouvrir un compte tu déposes ton argent, on te donne un carnet de chèques, et ainsi tu n'as plus besoin de transporter ton argent sur toi, tu peux acheter ce que tu veux avec tes chèques : tu signes et c'est payé !

Aaron est très séduit, il se rend sur-le-champ à la banque et ouvre un compte. L'employé :

— Voilà, il vous suffit maintenant de déposer deux cents francs, et je vous donne de suite votre premier carnet de chèques.

— Deux cents francs !

Aaron est très déçu. Enfin...

Son carnet de chèques en poche, il se met en campagne. Il s'achète le jour même une voiture, un appartement, des meubles et quelques costumes.

Deux jours après, il est convoqué en catastrophe par le directeur de la banque.

— Mais monsieur ! Vous ne vous rendez pas compte ! Vous êtes à découvert !

— Qu'est-ce que cela veut dire ?

— Cela signifie, monsieur, que vous avez dépensé beaucoup plus que vous n'aviez sur votre compte ! Cela signifie, monsieur, que vous avez acheté bien au-dessus de vos moyens et que vous devez à ma banque une somme qui avoisine les deux millions !

Aaron sourit, sort son carnet de chèques :

— Qu'à cela ne tienne, monsieur le directeur, je vais vous faire un chèque..

Samuel est très amoureux de sa femme, il veut lui offrir un somptueux cadeau :

— Dis-moi, ma chérie, ce que tu veux, il n'y aura rien de trop beau ni de trop cher pour toi.

— Mais non, Samuel, tu ne pourras pas..

— Mais si, ma chérie. Dis-moi seulement ce que tu veux. Une Cadillac ?

— Non.

— Alors, quoi ? Les Galeries Lafayette ?

— Oui ! Comment as-tu deviné ?

— C'est parce que je t'aime, ma Sara ! J'y vais de ce pas.

Samuel se rend dans le grand magasin. Il s'adresse à une vendeuse :

— Je voudrais voir le directeur, je vous prie.

— Ah, mais le directeur ne reçoit pas comme ça. Allez voir sa secrétaire.

Samuel va voir la secrétaire.

— Je voudrais voir le directeur, je vous prie.

— Impossible, le directeur est occupé.

— Dites-lui que c'est très urgent.

A force d'insistance, Samuel est introduit chez le directeur. C'est alors qu'il lui fait sa proposition :

— Je veux acheter votre magasin.

— Comment ! Mais les Galeries Lafayette ne sont pas à vendre !

— Je vous les achète ! Combien les vendez-vous ? Votre prix sera le mien.

— Mais enfin, vous ne vous rendez pas compte ! Même si c'était à vendre, vous ne pourriez jamais rassembler autant d'argent ! Vous êtes un mauvais plaisantin !

— Combien en voulez-vous ? Cinq cents milliards de francs ?

— Vous êtes tout à fait ridicule, mais c'est environ cela.

— Nous sommes d'accord, monsieur le directeur. Puis-je me servir de votre téléphone ?...Allô ! Sara ? Ça y est, je t'achète les Galeries Lafayette ! Écoute bien ! Tu vois notre chambre ? Vas-y. Tu vois notre lit ? Eh bien, sous notre lit, il y deux valises, une grande et une petite. Prends la petite et apporte-la tout de suite.

Dans une rue peu passante, Benny rencontre Saül. Le premier a l'air d'avoir bien réussi, le second beaucoup moins : il vend des glaces dans cette rue déserte.

— Benny ! On ne s'est pas vus depuis si longtemps ! Que deviens-tu ?

— Je travaille à la banque. Saül ! Et toi, que fais-tu là ?

— Tu vois, je vends des glaces.

— Écoute, Saül, il n'y a presque personne qui passe dans cette rue, tu ne fais certainement pas de bonnes affaires. Viens à la sortie de ma banque, tous les gens qui passeront t'achèteront des glaces, et ça ira mieux pour toi.

Ainsi fut fait : Saül installe son petit commerce à la sortie de la banque de Benny, et effectivement, il prospère. A quelque temps de là, passe un ami de Saül :

— Saül ! Quel plaisir de te voir ! Ton commerce a l'air de bien marcher !

— Je ne me plains pas, ça peut aller.

— J'en suis très content pour toi. Écoute, pourrais-tu me dépanner de cinq cents francs, je te les rendrai dès le mois prochain, j'attends de vendre quelques petites choses.

— Je suis désolé, mon cher Josué, mais quand je me suis installé ici, j'ai passé un accord avec la banque : eux ne vendent pas de glaces, et moi je ne prête pas d'argent !

Rabbi Isaac reçut un jour la visite de Benny, un de ses anciens disciples qui avait abandonné l'observance des traditions religieuses dès qu'il avait réussi dans les affaires.

— Rabbi, commença Benny, je sais que j'ai péché, mais à présent j'ai tellement besoin d'aide et vous êtes le seul à pouvoir m'aider.

Rabbi Isaac sourit :

— En venant vers moi, tu montres que tu n'as jamais cessé de croire. Dis-moi, mon fils, quel est ton problème.

Benny expliqua qu'il était rongé par le doute et que, si la prochaine saison n'était pas un immense succès, il en sortirait ruiné.

Le rabbin se concentra un moment, puis :

— Le succès de ces ventes dépassera tout ce que tu as pu imaginer. Mais à une condition.

— Tout ce que vous voudrez, Rabbi.

— Tu vas m'écrire et signer que tu donnes la moitié des bénéfices à la synagogue.

Benny, soulagé, accepte, et ce fut en état d'exaltation qu'il quitta le rabbin. Sa vente fut un énorme succès, plus du double de l'année précédente. Après l'excitation et la joie, le doute envahit à nouveau Benny qui retourna voir son rabbi. Celui-ci l'accueillit chaleureusement, un grand sourire éclaire sa face.

— As-tu apporté ce que tu avais promis ? demande-t-il.

— Oui, Rabbi. La vente a été un grand succès. Mais, rabbi, si je vous donne cet argent, c'est tout le bénéfice supplémentaire qui s'en va !

Les yeux du rabbin pétillèrent, il opina du menton et répliqua :

— Tu as raison, mon fils, mais c'est déductible des impôts.

Un célèbre collecteur de fonds au profit du mouvement sioniste mondial recevait un jour à déjeuner un homme extrêmement riche mais très avare. A la fin du repas, l'homme sortit son carnet de chèques et rédigea royalement un chèque de... cent mille francs ! Nullement démonté, le collecteur réagit :

— Merci infiniment, mais le repas a déjà été payé par mes soins.

Trois amis se retrouvent après le mariage d'un ami commun.

— Moi, fait le premier, je lui ai offert un service à café pour douze personnes.

— Moi, dit le deuxième, un service à thé pour vingt-quatre personnes.

— Et moi, déclare le dernier, je lui ai apporté une pince à sucre pour deux cent cinquante personnes !

Par une étouffante après-midi d'août, Smadja et Arroche, affalés sur des divans, comparent leur avarice.

— Moi, dit Smadja, j'ai dix domestiques, et je ne dépense pour les payer que mille francs par mois.

— Moi, réplique Arroche, j'en ai vingt et ils me reviennent à sept cents francs seulement.

— Je les nourris de pommes de terre pourries que je paye presque rien.

— Moi, je leur donne du riz gâté, et on m'a payé pour s'en débarrasser !

Smadja n'en peut plus tellement il a chaud.

— Dis donc, Arroche, tu as un bel éventail. Il a dû te coûter très cher, il est neuf ?

— Hé non, il est ancien, et je l'ai payé des clopinettes.

— Mais comment as-tu fait pour qu'il soit si bien conservé ?

— C'est un secret, mais je vais te le dire : au lieu de l'agiter et de le secouer, je le bouge très doucement, si bien qu'il a gardé ses couleurs délicates... Mais le tien, il est tout à fait superbe, quelles couleurs éclatantes, quelle matière soyeuse ! Il doit valoir une fortune ?

— Je ne l'ai pas acheté, je l'ai trouvé un jour à la piscine.

— Et comment fais-tu, toi, pour lui conserver l'aspect du neuf ?

— Moi aussi j'ai un secret : pour m'éventer, je tiens l'éventail bien ouvert devant moi, et sans l'agiter, je balance mon visage de gauche à droite et de droite à gauche...

Ch'ha possède un âne qu'il fait travailler à transporter de gros sacs de marchandise. Mais il a un problème : à son avis, cet âne mange trop. Un beau jour, Ch'ha décide d'essayer de le faire jeûner. L'âne continue à travailler tout autant.

— Ah ! se dit-il, si un jour de jeûne est sans conséquence, je vais voir ce que ça donne si je fais ça une fois par semaine.

Il lui supprime sa ration un jour par semaine, l'âne continue à travailler. Ravi, Ch'ha décide d'essayer d'augmenter le rythme : il fait jeûner son âne deux jours par semaine. Ça marche très bien. Puis il passe à un jour sur deux. Ça marche toujours. Il fait alors jeûner l'âne une semaine entière. La pauvre bête continue à travailler. Quel animal extraordinaire ! Quelle économie, se dit Ch'ha. C'est alors qu'il ne lui donne plus à manger pendant un mois. Subitement, l'âne meurt.

— Quel dommage que mon âne soit mort, confie Ch'ha à son voisin, il commençait juste à s'habituer à ne pas manger !

Le monde extracommunautaire

Adler, le marchand de tableaux, n'est pas réputé pour sa générosité. Il rencontre un jour son ami Pinski dont les vêtements révèlent la pauvreté.

— Bonjour, Adler.

— Bonjour, Pinski.

— Dis-moi, Adler, pourrais-tu me prêter cent francs ?

— Cent francs ? Attends... (Il fait semblant de chercher dans ses poches.) Je ne les ai pas sur moi.

— Peut-être dans ta galerie, ce n'est pas très loin.

— Non, Pinski, quand je ferme ma galerie le soir, je ne la rouvre jamais, jusqu'au lendemain matin.

— Et chez toi ?

— Chez moi ?... Ça va très bien, je te remercie ! Au revoir !

Et il s'enfuit.

5

Le travail et les affaires

Vendre une chose que vous avez
à quelqu'un qui veut l'acheter,
ce n'est pas une affaire.
Mais vendre une chose que vous n'avez pas
à quelqu'un qui n'en veut pas,
ça c'est une affaire !

Deux amis se rencontrent :
— Comment vont les affaires ? demande l'un.
— Bof, répond l'autre.
— Pour une année comme celle-ci, ce n'est pas si mal.

Jacob et sa femme sont couchés depuis longtemps, mais Jacob se retourne sans cesse, n'arrive pas à dormir. A la fin, Myriam s'inquiète :

— Mais que se passe-t-il, Jacob, pourquoi est-ce que tu ne dors pas ? Tu as des soucis ?
— Non, non.
— Alors pourquoi tu te retournes sans arrêt ?
— Comme ça.
— Allons, Jacob, qu'est-ce que tu as ?
— Bon. Tu sais que demain c'est le 31.
— Oui, et alors ?
— C'est l'échéance.
— Oui, de quoi ?
— Je dois rendre demain à Goldberg, celui qui habite en face, les cinq mille francs qu'il m'a prêtés.
— Alors ?
— Alors ? Je n'ai pas le premier centime !

— Et c'est pour ça que tu ne dors pas ?

Myriam se lève, ouvre la fenêtre et appelle :

— Golberg ! Goldberg !

Goldberg ouvre sa fenêtre.

— Que se passe-t-il ? Vous avez un incendie ?

— Non, pas du tout, Goldberg. C'est bien demain que Jacob doit vous rembourser cinq mille francs ?

— Tout à fait.

— Eh bien, il ne pourra pas !

Elle referme la fenêtre et déclare à son mari :

— Maintenant, c'est lui qui ne dormira pas !

Les affaires ont été très mauvaises durant la dernière saison. Gaby et Raphaël, deux associés dans la confection d'articles de mode, sont très déprimés. Il leur reste vingt mille vestes sport de toutes les tailles et de toutes les couleurs, emballées dans des cartons empilés devant eux jusqu'au plafond, et la ruine les guette. Un jour, en fin d'après-midi, un acheteur il arrive du Brésil.

— Auriez-vous par hasard des vestes sport à la mode de cette année ? J'en ai cherché partout, et plus personne n'en a.

Il n'a pas fini de parler que les associés s'empressent de lui caser leurs vingt mille vestes, car avec la réduction intéressante qu'ils vont lui accorder, il pourra réaliser un profit très substantiel.

— Pour un achat de cette importance, objecte l'acheteur, je dois informer le patron. En principe, c'est d'accord, mais s'il y a un problème, je vous enverrai un télégramme d'ici la fin de la semaine.

Les jours de la semaine s'écoulent lentement, les deux associés attendent anxieusement. Vendredi après-midi, juste avant la fermeture, on sonne à leur porte : un télégramme !

Ils sont pétrifiés. Gaby ose enfin saisir l'enveloppe et l'ouvrir de ses mains tremblantes. Un grand sourire éclaire son visage :

— Raphaël, c'est une bonne nouvelle ! Ton frère est mort !

Un jeune opticien vient juste d'être engagé dans son nouveau travail. Le patron lui explique les règles de la maison :

— Lorsqu'un client entre pour une nouvelle paire de lunettes, vous commencez par l'examiner. Ensuite, vous lui proposez de choisir sa monture et vous lui montrez ce que nous avons ici.

— Mais les prix ne sont pas marqués, objecte le jeune.

— Exactement, répond le patron. Quand le client a choisi sa monture, il vous demande combien elle coûte. C'est alors que vous lui énoncez le prix : « Cinq cents francs. » S'il ne proteste pas, vous continuez : « Et les verres coûtent cent francs. » S'il ne proteste toujours pas, vous ajoutez : « Chacun ! »

Au marché, un vendeur crie :

— Cinq francs les dix pitot [1] ! Cinq francs les dix pitot !

Une dame proteste :

— Comment, cinq francs la dizaine ! Le vendeur d'en face les vend à quatre francs la dizaine !

— Alors, achetez chez lui !

— Mais il n'en a plus pour aujourd'hui.

— Quand je n'aurai plus de pitot, moi aussi je les vendrai à quatre francs la dizaine !

1. La pita, au pluriel pitot, est un petit pain creux dans lequel on glisse des salades, de la viande grillée, des frites ou des boulettes de purée de pois chiches frites.

Slama marchande chez Sitbon le prix d'un pantalon :

— Il est à deux cent soixante-quinze francs, mais pour toi je le fais à deux cent cinquante.

— Écoute, nous sommes amis depuis longtemps. Je le prends à deux cent vingt et on finit l'affaire.

— Slama, je veux rester en bons termes avec toi. Je l'achète à deux cent vingt francs, il faut bien que je vive. Deux cent quarante et l'affaire est conclue !

— Sitbon, c'est pour mon fils, alors je ne vais pas marchander : deux cent trente et je m'en vais.

— Tope là ! A deux cent trente !

— Emballe-le-moi et fais-le envoyer chez moi. A bientôt, Sitbon.

— A bientôt, Slama.

Slama sort, suivi par un ami qui a assisté à la négociation. L'ami s'étonne :

— Slama, pourquoi as-tu tant marchandé ? Tu sais bien que de toute manière tu ne vas pas le payer, ce pantalon !

— Oui, mais je l'aime bien, Sitbon, je le connais depuis mon enfance, tu comprends, je veux qu'il perde le moins d'argent possible !

Un marchand de Jitomir a passé une commande de produits à Odessa. Il reçoit un câble :

« Désolé, ne peux honorer la commande jusqu'à ce que la commande précédente soit payée. »

Le marchand de Jitomir envoie lui aussi un câble : « Annuler la commande. Ne peux attendre si longtemps. »

Kaplan rencontre devant la bourse le schnorrer Stein.
— Tiens, que fais-tu là ?
— Je spécule sur les mines.
— Ah ! Tu as donc de l'argent ?
— Non. Quand quelqu'un sort avec une mine sombre, je le laisse. Mais quand quelqu'un sort avec la mine réjouie, alors je l'accoste pour schnorrer.

Jérémie rencontre Ruben qui a un air particulièrement réjoui.
— Dis donc, Ruben, tu as une mine splendide.
— Oui, j'ai un fondé de pouvoir, c'est lui maintenant qui s'occupe de tous les problèmes.
— Mais, ça coûte très cher, un fondé de pouvoir, non ?
— Deux cent mille francs par an.
— Et comment fais-tu pour le payer ?
— Ah ça, c'est son problème !

Un homme qui a cassé sa montre arpente une rue commerçante en cherchant un bijoutier-horloger. Il trouve une boutique avec en devanture une énorme montre-bracelet. Confiant, il entre et se trouve dans une pièce vide, à l'exception d'un homme portant barbe et papillottes, assis sur une chaise. Il exprime son étonnement.
— Je ne vends pas de montres, je suis mohel[1], lui répond l'homme.
— Oh !... Mais pourquoi donc avez-vous mis une énorme montre dans votre vitrine ?
— Et que suggéreriez-vous que je mette dans ma vitrine ?

1. Le mohel pratique les circoncisions.

M. Botbol surprend son comptable Sadoun à la fenêtre.

— Dites donc, Sadoun, j'aimerais mieux que vous regardiez les passants avec votre derrière et que vous surveilliez vos livres avec vos yeux.

— Je fais souvent cela, monsieur Botbol.

— Ah, et que disent les passants ?

— Ils disent : « Bonjour, monsieur Botbol ! »

Un peintre en bâtiment proche de la retraite se voit confier la décoration de la maison du docteur et de Mme Cohen. Très vite, il se rend compte qu'il lui faudra au moins quatre jours. Le soir du premier jour, Mme Cohen montre à son mari la peinture de sa chambre à coucher, et le docteur, fatigué et distrait, met la main sur la peinture fraîche.

Le lendemain matin, quand le peintre arrive, Mme Cohen lui demande :

— Avant de commencer, venez dans ma chambre à coucher avec moi, j'aimerais vous montrer où mon mari a posé sa main la nuit dernière.

— Excusez-moi, madame, réplique le peintre, mais je ne suis plus très jeune, je préférerais une bonne tasse de café bien chaud.

Attal arrive en retard à son bureau, il s'excuse devant son patron M. Prunier :

— Excusez-moi, c'est que ma femme a eu un accouchement difficile.

Quelques jours plus tard, Attal ne vient pas. Le lendemain, il va s'excuser devant son patron :

— Excusez-moi, c'est que ma femme a eu un accouchement difficile.

— Mais. Vous m'avez dit cela la semaine dernière !

— Oui, c'est vrai, monsieur Prunier.

— Vous vous moquez de moi !

— Mais non, monsieur Prunier, Rébecca est sage-femme.

Arieh a commandé un pantalon à Shlomo le tailleur. Ce dernier prend les mesures et recommande à son client de venir dans une semaine chercher la marchandise. Arieh revient huit jours plus tard, mais le pantalon n'est pas prêt. Comme il exprime son mécontentement, on lui répond :

— Ce n'est rien, quelques jours de plus. Revenez la semaine prochaine, votre pantalon sera impeccable !

La semaine suivante, le pantalon n'est toujours pas prêt. Arieh est hors de lui :

— Dieu a fait le monde en six jours, et vous, vous êtes incapable de faire un pantalon en trois semaines !

— Oui, et vous l'avez vu, ce monde ?

M. Rausky fait visiter son appartement :

— Vous voyez ici le salon. Et il embrasse la mezouza.

Il continue la visite :

— Ici, vous avez la cuisine. (Il pose la main sur la mezouza.) Ici, la chambre. (Il touche la mezouza.)

Et ainsi de suite pour tout l'appartement : chaque fois qu'il entre dans une pièce, il touche ostensiblement la mezouza.

A la fin de la visite, le visiteur est très intéressé :

— Monsieur Rausky, j'achète votre maison, mais à une condition : je veux garder votre système d'alarme.

M. Assayag, propriétaire d'une boutique de vêtements, reçoit la visite de son ami Layani accompagné de son fils Samuel.

— Bonjour, Assayag !

— Bonjour, Layani, bonjour, Samuel, que puis-je pour vous ?

— J'ai besoin d'un costume d'été pour mon fils que voilà.

— J'ai exactement ce qu'il te faut : regarde ce costume marin blanc, très chic, pure toile, pas cher en plus.

— Combien ?

— Je le vends à cinq cents francs, mais pour toi ce sera quatre cents.

— Il est solide ?

— Increvable.

— Est-ce qu'il rétrécit au lavage ?

— Jamais ! Regarde, pure toile, excellente qualité !

— Garanti ?

— Parole d'honneur !

Layani emporte le costume. Trois semaines plus tard, Assayag le voit réapparaître, avec son fils Samuel : le bas du pantalon remonte aux mollets, les manches de la veste arrivent aux coudes. Assayag est sidéré. Lorsque Layani s'arrête devant lui, Assayag s'écrie d'une voix joyeuse :

— Quel beau garçon ! Comme il a grandi depuis l'autre jour ! Un vrai géant !

Slama est interrogé par son patron :

— Pourquoi étiez-vous absent hier, Slama ? Attention n'oubliez pas que votre grand-mère est déjà morte deux fois !

Un gros producteur de cinéma appelle son régisseur, un homme très débrouillard.

— Gabriel, j'ai besoin de toi, il faut que tu me procures deux poneys.

— Pas de problèmes, j'en ai justement vu deux à vendre. Combien voulez-vous mettre ?

— Dix mille francs.

— Comment ! Dix mille francs ! Vous voulez rire ! N'y pensez pas !

— Du calme, Gabriel ! Combien faut-il ?

— Au moins le double !

— Bon, mais ils sont beaux, tes poneys ?

— Superbes !

— Tu me les amènes quand ?

— Dans trois jours.

— Je compte sur toi, alors.

Gabriel sort. Dans les couloirs de la régie, il rencontre son amie Suzanne :

— Dis-moi, Suzanne, c'est quoi, des poneys ?

Samuel a été engagé depuis peu à la grande banque Chomelle. Un jour, il appelle le service des fournitures :

— Ça fait deux semaines que j'ai demandé des crayons à papier, on ne me les a toujours pas apportés ! Qu'est-ce que c'est que cette organisation ? Vous avez intérêt à m'apporter ça avant ce soir, sinon je ferai un rapport détaillé, vous pouvez me croire !

Une voix lui répond :

— Vous savez à qui vous parlez ?

— Non.

— Je suis le président de la Banque Chomelle.

Samuel se tait une seconde, puis :

— Et vous, vous savez à qui vous parlez ?

— Non.

— Eh bien, tant mieux !

Et il s'empresse de raccrocher.

Une maison d'édition prestigieuse vient de sortir une nouvelle édition de la Bible. Afin de la diffuser, elle engage des démarcheurs à domicile qui seront payés au prorata de ce qu'ils vendront. Nombreux sont ceux qui se présentent à l'embauche, et l'un d'eux est bègue. Un peu sceptique, le directeur l'engage quand même. Au bout de la première journée, il a vendu cinquante bibles, alors que le meilleur des autres en a casé péniblement six. Le deuxième jour, nouveau record : cent bibles ! Le troisième, cent vingt ! Les autres démarcheurs aimeraient bien en faire autant, ils lui demandent comment il s'y prend pour avoir tant de succès.

— Cece n'est pppas didididifficile, leur répond-il, jjje llleur demande s'il vvvveulent la Bbbbible, et jjjje commence àààà la lililire devant eux. Ils mememe l'achètent ttttous imméméméédiatement !

Sydney Bellahsen bégaie. Il travaille depuis cinq ans dans la même entreprise, accomplit scrupuleusement sa tâche, mais il n'a jamais eu d'augmentation parce qu'il n'a jamais osé en demander. Pourtant, tous ses collègues ont été augmentés. L'un d'eux le pousse à demander un entretien au patron. Il prend son courage à deux mains et finit par téléphoner.

— Bonbonbonjour, patrtron, excusez-moi de vvvous déranger. Poupoupouvez-vous m'accorder uuuune heure pppour vous ppparler cinq mimiminutes ?

6

La loi, les assurances

Les Juifs, fins lettrés et talmudistes, rarement analphabètes, adorent les sports en chambre. Etudier la loi en est un, contourner la loi en est un autre.

On ne distingue plus entre l'absurde et la réalité, car comment faire tomber la grêle ou provoquer un ouragan pour se faire rembourser par son assurance ?

M. Benzaquen est en procès avec M. Lepage. Il suggère à son avocat d'envoyer un cadeau au président du tribunal.

— Certainement pas ! Vous perdriez votre procès, et vous risquez en plus d'être poursuivi !

Un mois plus tard, Benzaquen gagne son procès. Son avocat est fier de sa stratégie, de sa plaidoirie, de son succès.

— Vous voyez, monsieur Benzaquen, j'avais raison de vous déconseiller d'envoyer le cadeau.

— Mais je l'ai envoyé !

— Comment ! Vous... vous l'avez envoyé !

— Oui, avec la carte de visite de Lepage !

Un Juif new-yorkais de Brooklyn est en procès et doit comparaître devant le juge. Lorsqu'il se présente, il s'aperçoit qu'on lui a attribué un interprète. Furieux, il se plaint :

— Vous croyez que je ne parle pas assez bien l'anglais pour vous ! Sachez, monsieur le juge, que j'ai été toute ma jeunesse dans l'une des meilleures écoles de la ville ! Ensuite, j'ai étudié à Harvard ! Alors, j'espère que vous comprenez à présent l'inutilité de cet interprète !

Le juge se penche alors vers l'interprète et lui demande en yiddish :

— Qu'est-ce qu'il a dit ?

Le fisc israélien enquête sur le soudain enrichissement de M. Rubinstein.

— Monsieur Rubinstein, il y a dix ans, vous possédiez un petit appartement au 100, boulevard Herzl à Jérusalem. Aujourd'hui, vous possédez plusieurs buildings sur ce même boulevard. Comment ?

— Je vais vous expliquer : il y a cinq ans, j'ai eu un rêve, et dans ce rêve, j'ai vu un ange qui me disait : « Va au fond de ton jardin, creuse autour de l'arbre, là-bas tu trouveras un trésor. » Je suis allé au fond de mon jardin, j'ai creusé, et j'ai trouvé le trésor.

— Je veux bien vous croire, monsieur Rubinstein, mais pourriez-vous nous montrer une preuve de ce que vous avancez ?

— Et les buildings, c'est pas une preuve ?

Nataf, agent d'assurances, essaie de convaincre Bensoussan :

— Une toute petite somme chaque année, et vous voilà assuré pour tous les accidents !

— Peut-être, mais...

— Écoutez : supposez que vous vous brisiez une jambe : dix mille francs. Supposez que c'est un bras : douze mille. Et si vous avez le bonheur de vous briser bras et jambes, monsieur Bensoussan, vous voilà riche !

Pérez est poursuivi pour avoir vendu de la viande avariée. Devant le juge, il tente d'atermoyer :

— Monsieur le juge, serait-il possible de remettre mon affaire à la semaine prochaine ?

— Et pourquoi donc ?

— Parce que, monsieur le juge, vous ne me paraissez pas de bonne humeur aujourd'hui.

Benjamin à Joseph :
— Il paraît que ton usine a brûlé ?
— Chut ! C'est la semaine prochaine !

James rencontre Daniel :
— Tu as l'air particulièrement content aujourd'hui, Daniel, pourquoi ?
— Ah, je suis très content, je viens de bien m'assurer, à la fois contre l'incendie et contre la grêle.
James réfléchit :
— L'incendie, je comprends très bien, mais pour la grêle, comment la feras-tu tomber ?

Lazare est monté dans le train sans payer. Devant le contrôleur, il admet avoir fraudé. Le fonctionnaire le roue de coups et le fait descendre. A peine le train a-t-il redémarré que Lazare réussit à se glisser dans un autre wagon. Malheureusement, le contrôleur le retrouve. Il le refait descendre à coups de pied et l'amène devant l'inspecteur.
— Alors, demande rudement l'inspecteur, tu as l'intention de continuer longtemps comme ça ?
— Jusqu'à Marseille, monsieur l'inspecteur, si mon derrière le supporte.

La loi, les assurances

Un homme assez âgé se rend chez un assureur :

— Je voudrais souscrire une assurance-vie, déclare-t-il.

L'agent le regarde, un peu interloqué.

— Excusez-moi, monsieur, mais quel âge avez-vous ?

— J'ai soixante-quinze ans.

— Je suis désolé, monsieur, mais vous ne pouvez absolument pas souscrire une assurance-vie chez nous.

— Comment ! Mais mon père en a soucrit une pas plus tard que la semaine dernière, ici !

— Impossible, monsieur, nous avons des normes à respecter.

— Je vous l'affirme, pourtant !

— Allons, monsieur, c'est impossible, quel âge a donc votre père ?

— Quatre-vingt-dix-sept ans.

— Je ne peux pas vous croire.

— Écoutez, vérifiez dans vos archives, vous verrez bien qui a raison.

L'agent va vérifier, il s'avère que l'homme dit vrai.

— Je ne comprends vraiment pas, s'excuse-t-il platement, ce doit être mon collègue. Revenez jeudi prochain, je vais constituer un dossier, vous signerez les documents.

— Jeudi prochain je ne peux pas, mon grand-père se marie.

— Votre grand-père ! Et quel âge a-t-il ?

— Cent dix-sept ans.

— Et pourquoi se marie-t-il seulement maintenant ?

— Parce qu'il en a marre de vivre chez ses parents.

Le téléphone sonne dans le cabinet d'avocats. On répond :

— Bonjour, cabinet Lévy, Lévy, Lévy et Lévy.

— Bonjour, pourrais-je avoir M. Lévy, s'il vous plaît ?

— Désolé, mais M. Lévy plaide à l'heure qu'il est.

— Alors pourrais-je avoir M. Lévy ?
— M. Lévy est en voyage aujourd'hui.
— Puis-je alors parler à M. Lévy ?
— Il ne sera pas au bureau avant 15 heures.
— Bon. Alors, passez-moi M. Lévy.
— Lévy à l'appareil !

7

La politique

Avec ce chapitre, nous entrons dans le grave problème de la double allégeance chez les Juifs.

— Un problème ?

— Qui a dit problème ?

— Où le problème ?

— Allégeance ?

— Qu'est-ce que c'est ?

— Ça se mange ?

Au Moyen Age, un astrologue juif prédit au roi la mort prochaine de sa favorite. Elle meurt, effectivement peu après. Le roi soupçonne l'astrologue de l'avoir lui-même fait mourir. Il l'appelle alors et lui demande :

— Dis-moi donc quand tu vas mourir ?

L'astrologue se méfie, il se doute que le roi désire l'éliminer.

— Je ne sais pas quand je vais mourir, je sais seulement que le roi mourra trois jours après moi.

Depuis longtemps, Moïchélé, le vieux tailleur polonais du quartier juif de Londres, avait fait sa demande de nationalité anglaise, depuis si longtemps qu'il avait fini par oublier. Il a reçut cependant un beau jour.

Ses amis lui dirent alors :

— Moïchélé, tu es anglais maintenant, tu dois t'habiller bien !

Il prit un soin particulier à sa toilette : rasage minutieux, vêtements irréprochables, plis impeccables, monocle. A la fin, s'inspectant devant le miroir, il dit à mi-voix :

— Vraiment, quel dommage que nous ayons perdu les Indes !....

8

Les Juifs... à l'armée

Inutile de souligner que les Juifs russes ne se pressaient pas pour être enrôlés comme soldats. De toutes les manières, ils n'avaient pas le temps d'avoir envie, car le tsar les enrôlait de force pour vingt ans dès l'âge de huit ans. C'est l'âge des vocations. Pour la plupart, ils n'en revenaient pas. Et puis, de l'autre côté, il y avait souvent un cousin polonais ou un beau-frère roumain, alors, comment tirer sur la famille ?

Le tsar passe un régiment en revue avant la bataille.
— Comment t'appelles-tu, toi ?
— Ivanov, Votre Majesté.
— Tu tueras ton boche ?
— Oui, Majesté.
— Et toi ?
— Roussanov, Votre Majesté.
— Tu tueras ton boche ?
— Majesté, j'en tuerai même deux !
Alors Abraham, le voisin de Roussanov :
— Alors moi, je peux partir...

Moché Rosenberg s'est engagé dans l'armée britannique. Un officier lui demande un jour :
— Quel est ton nom ?
— Moché Rosenberg.
— Tu dois dire « Sir » quand tu réponds à un officier de l'armée britannique. Quel est ton nom ?
— Sir Moché Rosenberg.

Les Juifs... à l'armée

Un jeune Juif tunisien se retrouve soldat de l'armée française durant la guerre d'Algérie. Un général passe ses troupes en revue pour leur remonter le moral.

— Toi, Dupont, pourquoi es-tu là ?

— Je suis là pour tuer le maximum d'ennemis de mon pays, mon général !

— Bien. Et toi, Duchemin, pourquoi es-tu là ?

— Je suis là pour les écraser, mon général !

— Très bien. Et toi, Attia, pourquoi es-tu là ?

— C'est vrai, ça, pourquoi, mais pourquoi je suis là ?

9
Les persécutions, l'antisémitisme

Nous entrons dans le chapitre le plus long du livre... et de l'histoire juive. Près de vingt siècles de persécutions antisémites, ça vous marque profondément une culture. Il n'y a que des antisémites pour croire à la « Juiverie internationale », cet espèce de pieuvre tentaculaire qui viserait à centraliser tout le pouvoir politique, commercial et financier du monde. Comme le dit le rabbin Telushkin : si les Juifs avaient été si puissants, ils auraient arrêté la Shoah, ou au moins ils auraient obligé les Alliés à bombarder les voies ferrées menant aux camps d'extermination. Il n'en fut rien, et cela prouve bien que la puissance politique juive est illusoire.

Haïm Weizmann, premier président de l'État d'Israël, déclarait, un peu avant la Seconde Guerre mondiale : « Il y a deux sortes de pays dans le monde, ceux qui expulsent les Juifs, et ceux qui ne leur permettent pas d'entrer ». »

L'avènement de Hitler a provoqué une scission dans le monde juif allemand : d'un côté, les Juifs pessimistes, qui se sont enfuis en exil, et de l'autre, les Juifs optimistes, qui sont restés en Allemagne et ont fini dans les chambres à gaz. Pas drôle ? Non, c'est à pleurer. D'ailleurs, ce n'est pas une blague, c'est plutôt un commentaire amer et désespéré.

L'antisémitisme chrétien est celui qui a provoqué le plus de ravages. C'est un antisémitisme théologique fondé sur l'accusation de déicide, et qui a dégénéré en accusations d'actes de barbarie sauvage tels que meurtres rituels d'enfants chrétiens pour la confection de la matsa, de Pâque, sorcellerie, empoisonnement de puits communs, propagation maléfique de la peste noire, et autres perfidies de magie noire. L'accusation de déicide est celle qui vient le plus spontanément, dans des situations complètement banales. Un exemple.

Une femme juive et une chrétienne, qui font la queue du supermarché, se trouvent en conflit. Très vite, le ton monte et l'accusation fuse : « Assassin du Christ ! » Alors la femme juive répond : « Imaginez, si j'ai réussi à tuer votre Dieu, ce que je peux vous faire à vous ! »

L'antisémitisme est le sujet le plus douloureux, inévitable du judaïsme. Notre génération en Europe et aux États-Unis n'a pas souffert dans sa chair des persécutions, mais la blessure de la Shoah est présente dans toutes les consciences. Et si nous n'avons pas de certitude quand à la façon dont Hitler est mort, l'humour est aussi une manière de le tuer, lui, ou

Goebbels, ou Staline, le KGB. ou la Gestapo, le Grand Inquisiteur ou tout simplement le petit antisémite prosaïque du quartier.

Oui, parfois, le ridicule tue !

Le Grand Inquisiteur d'Espagne venait d'arrêter le Grand Rabbin de la ville de Tolède. Ce dernier proclame son innocence, soutenu par une partie importante de la population. Sachant qu'il risque gros, l'Inquisiteur lui dit ceci :

— Tu te dis innocent. Nous allons voir si ton Dieu va t'aider. Je vais prendre deux bouts de papier. Sur l'un, j'écrirai « coupable » et sur l'autre « innocent ». Tu prendras l'un des deux. Si c'est « coupable », tu iras au bûcher, sinon tu partiras libre.

Connaissant bien le tribunal de l'Inquisition et l'âme noire de ses sbires, le rabbin saisit un des bouts de papier et l'avale immédiatement, avant que quiconque ne puisse réagir.

L'Inquisiteur bout de rage :

— Comment ! Tu as avalé le papier ! Et comment saurons-nous maintenant ce qui était écrit ?

— Ce n'est pas difficile, répond le rabbin.

Il prend très vite le deuxième bout de papier, le déplie et le montre aux spectateurs. Tout le monde voit qu'il est écrit « coupable ».

— C'est donc que l'autre papier portait la mention « innocent » !

L'Inquisiteur, écumant de haine, fut obligé de le laisser partir libre.

Au temps de l'Inquisition, un espion fait subitement irruption chez un homme récemment converti (de force) au christianisme.

C'est un vendredi, et pourtant il est à table en train de manger du poulet !

— Comment ! Tu manges du poulet ! Tu es un faux chrétien, alors !

— Pas du tout, c'est du poisson ! Je sais bien qu'on fait maigre le vendredi.

— Tu veux me faire croire que c'est du poisson alors que je vois bien que c'est du poulet !

— Mais non ! J'ai fait comme vous : je l'ai aspergé d'un peu d'eau, j'ai fait le signe de la croix et j'ai dit : tu étais poulet, tu deviens poisson, tu étais poulet, tu deviens poisson ! Et voilà ! Maintenant c'est un poisson.

Deux seigneurs russes voisins, mais qui se haïssaient cordialement, avaient chacun, comme intendant sur leurs domaines, un Juif.

Un jour, l'un des intendants se plaignit à son seigneur :

— J'étais en chemin pour votre service, et j'ai rencontré le seigneur votre voisin, il m'est tombé dessus et m'a donné tant de coups que j'ai failli en mourir !

En entendant cela, le seigneur entra dans une colère folle, il se précipita chez son voisin et lui dit en hurlant :

— Si tu frappes encore une fois mon Juif, je frapperai ton Juif jusqu'à ce qu'il ne puisse plus se relever !

Deux Juifs russes se rendaient à Moscou. Jacob possédait un passeport, mais pas Isaac. Ils élaborent une stratégie :

— Si un gendarme nous demande nos passeports, dit Jacob, je me sauverai. S'il m'arrête, il ne pourra rien me reprocher. Et toi, pendant ce temps, tu fileras.

En effet, un gendarme les accoste et leur demande leurs passeports. Aussitôt, Jacob s'enfuit, le gendarme à ses trousses. Au bout de cinq minutes, il s'arrête, aussitôt rattrapé par le gendarme complètement essoufflé.

— Sale youpin, montre-moi ton passeport.

Jacob s'exécute, au grand étonnement du gendarme.

— Tu es en règle, pourquoi t'es-tu mis à courir ?

— Je vais vous le dire, monsieur le gendarme. J'ai des problèmes digestifs et mon médecin m'a recommandé de courir cinq minutes après chaque repas. Comme c'était juste le moment, je me suis mis à courir.

— Mais quand tu m'as vu courir derrière toi, pourquoi ne t'es-tu pas arrêté ?

— Parce que j'ai cru que vous suiviez le même traitement que moi !

Ephraïm se vante de ses relations devant un ami :

— Le gouverneur, par exemple, je suis à tu et à toi avec lui.

— Pas possible !

— Je t'assure ! L'autre jour, je suis entré dans son bureau, sais-tu ce qu'il m'a dit ? « Veux-tu foutre le camp d'ici, sale youpin ! »

En Russie, un général et son chien voyagent en chemin de fer dans le même wagon qu'un vieux Juif. Le général appelle son chien sans arrêt : Moïse par-ci, Moïse par-là. Et le chien obéit.

— Eh bien, Juif, il te plaît, mon chien ?

— Admirable, mon général. S'il n'était pas juif, il serait certainement général depuis longtemps !

Haïm revient de la Russie communiste.
— Eh bien, lui demande Joseph, comment vit-on à Moscou ?
— Comme au paradis !
— Comme au paradis ?
— Oui, on est tout nu et on se nourrit de pommes.

Dans les années trente, à Moscou, en plein cœur du mois de novembre, sous les rafales de neige, plusieurs dizaines de personnes s'étaient rendues dès 4 heures du matin devant le magasin de chaussures afin d'être les premières servies. La queue était très longue, mais les gens se faisaient une raison. En fin de matinée, tout le monde était gelé, le directeur du magasin vint et cria :

— J'ai appris qu'il n'y aura pas assez de chaussures pour tout le monde, que les Juifs partent de la file d'attente !

Penauds, les Juifs, qui constituaient bien la moitié des premiers à attendre, quittèrent la queue sous les yeux triomphants des autres : moins de clients, plus de chance d'être mieux servis. Les autres continuèrent à patienter sous la neige qui n'avait pas cessé de tomber, tapant des pieds de temps en temps pour ne pas être transformés en bonshommes de neige.

Vers 3 heures de l'après-midi, alors que le soir tombait déjà — les gens commençaient à être vraiment fatigués de cette attente dans le froid et le vent glacial —, le directeur réapparut et cria :

— Ceux qui n'ont pas leur carte du Parti peuvent s'en aller, il n'y aura pas assez de marchandise pour eux !

Un autre tiers de clients s'en va, le dos courbé par l'humiliation. Ne restaient plus que les purs, les meilleurs du régime. Ils continuèrent d'attendre, complètement gelés, avec une foi renouvelée en leur parti : le Parti n'abandonne jamais les siens.

Pourtant, tout espoir sembla perdu quand le directeur apparut pour la troisième fois, dans la nuit noire, à 6 heures, criant son message :

— Vous pouvez rentrer chez vous, il n'y aura pas de chaussures à vendre aujourd'hui, le camion est coincé à deux cents kilomètres d'ici.

Alors, parmi les triomphateurs purs et durs de la journée, il se trouva quelqu'un pour dire :

— Ah ! Ce n'est pas juste, les Juifs sont toujours prévenus avant tout le monde !

On demande à un Russe refuznik qui vient de sortir du goulag :

— Combien de temps es-tu resté en prison ?

— Dix ans.

— Et pourquoi as-tu été en prison ?

— Pour rien !

— Menteur ! Pour rien, c'est quinze ans !

Moché, Ebbie et Jo ont été condamnés à mort. Avant leur exécution, l'officier demande à Moché :

— Voulez-vous une dernière cigarette ?

— Oui, avec plaisir.

Il reçoit une cigarette. L'officier pose la même question à Ebbie, qui accepte également avec empressement. Puis il demande à Jo qui refuse. Alors Moché lui reproche :

— Allons, Jo, tu vas nous causer encore des problèmes !

Un espion du KGB tombe à Gorki Park sur un Juif en train d'étudier un livre de grammaire hébraïque. Il explose de mépris et de haine et lui demande rageusement :

— Hé, Juif ! Pourquoi perds-tu ton temps à apprendre cette langue ? Tu sais bien qu'on ne vous laissera jamais sortir d'ici pour aller en Israël !

— Oui, je sais, rétorque le Juif.

— Alors pourquoi t'obstines-tu ?

— C'est au cas où on parlerait l'hébreu au paradis ; quand j'y arriverai, je veux connaître la langue qu'on y parle.

— Et comment es-tu si sûr d'arriver au paradis ?

— Peut-être que je n'irai pas, mais dans ce cas je connais déjà le russe !

Un Polonais, un Tchèque et un Juif ont été arrêtés pour espionnage et condamnés à mort. On demande à chacun d'exprimer un dernier vœu.

— Je veux que mes cendres soient jetées sur une photo de Pilsudski, dit le Polonais.

— Je veux que mes cendres soient dispersées sur une photo de Masaryk, demande le Tchèque.

— Moi, dit le Juif, je veux que mes cendres soient dispersées sur une photo du camarade Kossyguine.

— Mais c'est impossible, lui répondit-on, Kossyguine n'est pas encore mort.

— Ce n'est pas grave, rétorque le Juif, je peux attendre.

— Qu'est-ce que le capitalisme ?

— L'exploitation de l'homme par l'homme.

— Et le communisme ?

— C'est juste le contraire !

— D'où sait-on qu'Adam et Eve étaient communistes ?
— Quand ils ont commencé ils étaient nus, ils mangeaient de l'herbe et ils se croyaient au jardin d'Eden.

Isy Lifchitz, pauvre tailleur d'une petite ville d'Ukraine, a fait une demande d'obtention de la carte du Parti. Le commissaire l'interroge :
— Qui était Karl Marx ?
— Jamais entendu parler.
— Et Lénine, tu connais ?
— Je ne l'ai jamais rencontré.
— Et Joseph Staline ?
— Je ne vois pas du tout qui c'est.
— Alors, tu nous prends pour des imbéciles ! hurle le commissaire.
— Absolument pas, camarade commissaire, dites-moi, vous, connaissez-vous Menahem Goldman ?
— Non.
— Et Moïchélé Beizer ?
— Jamais entendu parler.
— Et Avromel Salzman ?
— Je ne vois pas de qui tu parles.
— Vous voyez bien, camarade commissaire, c'est comme ça, conclut Isy, vous avez vos amis et moi j'ai les miens.

Un envoyé du Parti communiste soviétique est invité à prononcer un discours devant l'assemblée du Parti communiste chinois à Pékin. Il parle depuis une demi-heure quand l'interprète se lève et dit :
— Ching !
Les assistants applaudissent.

L'émissaire soviétique continue à parler et après une autre demi-heure, l'interprète se lève et clame :

— Ching-Chang !

Énormes applaudissements.

L'envoyé de Moscou remercie, parle encore une demi-heure et termine triomphalement. L'interprète traduit :

— Ching-Chang-Chong !

Toute l'assemblée se lève pour faire une véritable ovation.

Le Soviétique, très heureux de l'accueil qui lui a été réservé, va trouver un ami qui comprend le chinois :

— Quelle langue concise que le chinois ! Cet interprète a réussi à traduire un discours si long en si peu de mots !

— C'est très simple, répond l'ami, la première fois il a traduit « Il dit des bêtises ! », la deuxième « Il dit de grosses bêtises ! » et la troisième fois il a dit « Il a fini de dire ses bêtises ! ».

En Russie soviétique, on a instauré la semaine du bénévolat. Pour son ouverture, une cérémonie militaire très importante est organisée sur la place Rouge. Staline fait un discours enflammé sur l'importance du bénévolat, quand tout à coup, dans les derniers rangs de soldats, on entend un éternuement. Staline s'interrompt immédiatement et laisse planer un silence de mort pendant quelques secondes.

— Qui a éternué ? demande Staline.

Personne ne répond, tous sont glacés d'effroi.

— Tirez sur toute la première ligne ! aboie Staline.

Les artificiers tirent et la première rangée s'écroule.

— Qui a éternué ? redemande Staline.

Personne n'ose répondre cette fois non plus.

— Tirez sur la deuxième ligne ! hurle Staline. Je vous demande encore une fois : qui a éternué ?

De la dernière rangée on entend alors une voix terrifiée :

— C'est moi, camarade Staline, qui ai éternué.

— C'est toi ! dit Staline, à tes souhaits !

Le directeur de la poste de Moscou est très tendu : il doit annoncer au secrétariat du Parti communiste qu'il s'apprête à retirer de la circulation une nouvelle série de timbres de Staline sortie à l'occasion du nouveau Plan quinquenal.

— Pourquoi ? lui demande-t-on.

— Les timbres ne collent pas.

— La colle est mauvaise ?

— Non, les gens crachent du mauvais côté...

Chloïmo est à Moscou pour la première fois de sa vie. Son ami Yacov lui fait visiter la ville et lui montre la place Rouge :

— Chloïmo, c'est ici, la place Rouge, et là, tu vois, c'est le Kremlin.

— Dis-moi, Yacov, pourquoi ont-ils besoin de si grandes murailles autour du Kremlin ?

— C'est pour se protéger des criminels.

— Quels criminels ? Ceux de l'extérieur ou ceux de l'intérieur ?

— Pourquoi Isaac Horowitz a-t-il écopé de treize ans de prison ?

— Parce qu'il a traité le ministre d'imbécile. Trois ans pour outrage à magistrat et dix ans pour avoir dévoilé un secret d'Etat.

— Quel est ton nom, mon petit ? demande un policier.
— Yosseph, répond l'enfant.
— Vous vous rendez compte, murmure le policier étonné, si petit et déjà juif !

Davidovitch est conduit sans ménagement dans les bureaux du KGB.
— Dis-nous, Davidovitch, pourquoi tu désires quitter ton pays natal, le pays où tu as grandi, et qui t'as donné tant de bonnes choses ?
Davidovitch ne répond pas.
— N'as-tu pas de travail ?
— Si, murmure Davidovitch.
— N'as-tu pas un appartement avec un faible loyer ?
— Si.
— Ne reçois-tu pas des soins médicaux gratuits ?
— Si.
— Tes enfants ne bénéficient-ils pas de l'école gratuite ?
— Si.
— Alors, sale Juif, pourquoi veux-tu quitter notre pays ?
— Tu viens de me rappeler pourquoi, camarade inspecteur.

Un Juif russe ne peut plus supporter la vie misérable et le mépris dont il est victime. Il décide de se suicider. Comment faire ? On est en plein hiver et le fleuve est gelé, il est donc impossible de se noyer. La police lui a pris son pistolet. On ne peut pas trouver de poison et il n'a même pas de quoi acheter une corde pour se pendre. Il est désespéré, mais finit par trouver une solution. Vite, il court sur la place Rouge, se plante devant un groupe de policiers armés jusqu'aux dents et se met à crier :
— Honte à Staline ! A bas la répression ! Au diable le communisme ! Au diable le Parti !

Il crie comme ça plusieurs minutes sans s'arrêter, mais à sa grande stupéfaction, les policiers jettent leurs fusils, courent vers lui et l'embrassent en exprimant leur joie :

— Hourra ! Hourra ! Les Américains sont enfin arrivés !

— Quelles sont les quatre catastrophes pour l'agriculture russe ?

— Le printemps, l'été, l'automne et l'hiver.

Dans une rue d'Odessa Mendel rencontre son ami d'enfance Benny, qui vient d'être licencié.

— Benny ! s'exclame Mendel, consterné de le voir en si piteux état, j'ai l'impression que tu as perdu une chaussure.

— Pas du tout, au contraire, j'ai trouvé une chaussure !

Devinette.

Sa longueur est d'au moins cinquante mètres, elle a des centaines de pattes, elle aime la viande mais elle peut se contenter de pommes de terre. Qu'est-ce que c'est ?

La queue devant une boucherie en Russie.

Un dignitaire de l'appareil du Parti est en visite dans un kolkhoze. Il pose des questions à l'un des membres du village :

— Dites-moi, camarade Boris, quelle a été l'influence du nouveau programme économique sur la récolte des pommes de terre ?

— Extraordinaire ! répond le paysan. Influence excellente ! Nous avons eu une si bonne récolte de pommes de terre que si on les empilait l'une sur l'autre, ça arriverait jusqu'aux pieds du bon Dieu.

— Ne raconte pas de bêtises ! siffle l'émissaire, tu sais parfaitement qu'il n'y a pas de Dieu !

— Ne raconte pas de bêtises ! rétorque le paysan, tu sais parfaitement qu'il n'y a pas de pommes de terre !

Des espions du KGB frappent à la porte de Vladimir Gronstein à 4 heures du matin. Tremblant de peur, Vladimir ouvre et l'un des hommes lui demande en criant :

— Vladimir Gronstein vit bien ici ?

— Non, balbutie Vladimir raidi par le froid et l'angoisse.

— Non ? Alors toi, quel est ton nom ?

— Vladimir Gronstein.

L'homme du KGB lui assène une claque retentissante et vocifère :

— Alors pourquoi nous as-tu dit que tu ne vis pas ici ?

— Parce que c'est une vie, ça ?

Le consul d'Amérique en Russie rencontre un professeur juif russe dans un restaurant de Moscou pour discuter avec lui. Ils commandent des boulettes de viande. Pendant le repas, le consul appelle le serveur :

— J'ai commandé des boulettes de veau. Les deux premières étaient délicieuses, mais la troisième est si dure que je ne peux même pas y planter ma fourchette.

— Je suis désolé, répond le serveur, ce n'est pas une boulette, c'est le micro...

On demanda un jour à Isaac Stern pourquoi il avait choisi le violon parmi tous les instruments de musique. Il répondit avec un sourire désabusé :

— Parce qu'en cas de pogrom, c'est plus facile à transporter.

— Est-il vrai que Khrouchtchev fait collection de toutes les blagues qu'on raconte sur lui ?

— Oui, c'est vrai, et il collectionne même tous ceux qui racontent ces blagues.

A la vingtième assemblée du Parti communiste soviétique, Khrouchtchev fit un discours percutant et parla de toutes les horreurs perpétrées pendant le régime de Staline. Au milieu de son discours, on entend une voix bouleversée qui sort des rangs :

— Si ça c'est passé vraiment comme vous le dites, pourquoi n'avez-vous jamais protesté ?

Khrouchtchev cessa de parler, laissa passer quelques instants puis cria d'une voix forte :

— Qui est le camarade qui vient de poser la question ? Qu'il se lève immédiatement !

Personne ne se leva et dans la salle la peur se fit matérielle, si épaisse que tous étaient paralysés.

Quelques minutes passèrent ainsi. Khrouchtchev savoura cette terreur puis, à la surprise de tous, expliqua :

— Voilà, camarades, à présent vous avez compris pourquoi je me suis tu pendant toutes ces années.

Un Juif russe a enfin réuni assez d'argent pour acheter un réfrigérateur. Il va dans le magasin et passe sa commande. A sa question de savoir quand il pourra le recevoir, on lui répond sèchement :

— Dans dix ans.

— Le matin ou l'après-midi ?

Le fonctionnaire, interloqué :

— Pourquoi donc ?

— Oh, parce que le plombier doit venir l'après-midi.

Quelques mois avant la Seconde Guerre mondiale, des Anglais en voyage organisé se rendirent en Allemagne. Parmi les touristes se trouvait un Juif. Arrivés à Dresde, ils visitèrent la chambre de travail du poète Schiller.

— C'est dans cette pièce que le grand poète a exprimé l'âme du peuple allemand, expliqua le guide.

— Excusez-moi, permettez-moi de corriger, interrompit le Juif. Schiller n'était pas un poète national mais international. Vous savez certainement qu'il a écrit *Marie Stuart* pour les Anglais, *La Pucelle d'Orléans* pour les Français et *Guillaume Tell* pour les Suisses.

— Et il n'a rien écrit pour les Allemands ?

— Si, bien sûr, il ne les a pas négligés, pour les Allemands il a écrit *Les Bandits*.

En 1939, à Vienne, un Juif entre dans une agence de voyages et demande à acheter un ticket :

— Pour où ? questionne l'employé.

— Je vais voir sur votre globe, je vous prie.

L'homme regarde le globe. Chaque fois qu'il choisit un pays, l'employé le lui déconseille :

— Oh non, pour ce pays, il vous faut un visa... Ce pays n'admet plus d'autres Juifs.... Pour ce pays, il y a une liste d'attente de dix ans.

Finalement le Juif lève la tête :

— Excusez-moi, vous n'auriez pas un autre globe ?

Durant les premières années de son gouvernement, Hitler entendit des dizaines de blagues sur son compte. Cela le mettait dans une rage folle, mais il ne savait pas comment les faire arrêter. Il appela l'un de ses espions pour le mettre sur cette affaire. Très peu de temps après, l'espion revint avec un nom : Hans Mendelsohn. C'était lui qui écrivait les blagues et les faisait circuler par ses amis juifs.

Hitler fit aussitôt arrêter Mendelsohn et entreprit de l'interroger. Il lui cita blague humiliante après blague blessante, et Mendelsohn reconnut les avoir rédigées. Hitler, tremblant de rage, le visage congestionné, se mit à hurler :

— Comment oses-tu te moquer de moi ? Écrire des blagues sur moi ! Tu ne sais pas que je suis le leader du Troisième Reich, le dirigeant de millions d'Allemands ?

— Cette blague-là, je ne l'ai jamais rédigée, rétorqua Mendelsohn.

Deux amis juifs lisent le journal l'un à côté de l'autre dans un jardin de Vienne. L'un lit un journal yiddish, l'autre un journal antisémite. Le premier s'étonne :

— Comment peux-tu lire un journal antisémite ? Tu n'es pas écœuré ?

— Écoute-moi, répond son ami, tu te trompes complètement. Quand je lis les journaux juifs, je suis très malheureux et je souffre : pogromes en Tchécoslovaquie, persécutions en Hongrie, haine des Juifs en Pologne, catastrophes en Roumanie, malheurs en Bulgarie, attaques d'Arabes contre les Juifs en Israël. Je n'en peux plus, je pleure sans arrêt ! Alors que, quand je lis ce journal antisémite, j'ai du plaisir. On me dit que les Juifs gouvernent le monde, qu'ils dirigent les grandes entreprises, qu'ils influencent tous les décisionnaires de tous les pays, que ce sont des génies de la finance et que leurs opinions sont prises en compte partout. Tout cela me comble d'une joie infinie.

Goebbels, le ministre de la Propagande de Hitler, visita un jour une école à Berlin et demanda aux élèves de dire des slogans patriotiques percutants.

— Heil Hitler ! commença un enfant.

— Deutschland über alles ! cria un deuxième.

— Excellent ! se réjouit Goebbels, mais est-ce que l'un d'entre vous aurait un slogan un peu plus fort ?

— Notre peuple est immortel ! jeta un troisième enfant.

— Extraordinaire ! C'est le meilleur slogan que j'aie jamais entendu, s'émerveilla Goebbels, quel est ton nom, mon enfant ?

— Aaron Shmuel Levi.

Un instituteur nazi interroge Hans, le seul enfant juif de sa classe :

— Hans ! Qui est responsable de la défaite de l'Allemagne lors de la Première Guerre mondiale ?

— Les Juifs ! déclare immédiatement le petit Hans.

— Excellent, jubile l'instituteur, mais quels Juifs ?

— Les généraux juifs ! répond Hans.

— Quoi ! explosa le nazi. Tu oses prétendre que dans la grande armée allemande il y avait des généraux juifs ?

— Non, non, repartit Hans, du côté des adversaires...

Une femme nazie entre dans une boucherie de Berlin, regarde autour d'elle avec suspicion et demande au boucher :

— Est-ce ici une boucherie allemande pure ou bien juive ?

— Chère madame, lui répond le boucher, comment pouvez-vous imaginer une chose pareille ? Vous êtes dans une véritable boucherie allemande. Ici, on ne trouve que des cochons.

Hitler visitait un hôpital psychiatrique, quand il s'arrêta devant un des malades et lui demanda :

— Sais-tu qui je suis ?

— Non.

— Je suis le Führer ! lui cria Hitler, énervé. Je dirige l'Allemagne ! Et demain je dirigerai le monde entier !

Le malade le regarda d'un air compatissant et, hochant la tête :

— Moi aussi, ça a commencé comme ça.

Hitler fut invité un jour à visiter un hôpital psychiatrique. On donna à cette occasion instruction stricte aux malades de recevoir le Führer en levant le bras et en criant « Heil Hitler ! ».

Le jour venu, Hitler entra dans l'hôpital et fut reçu par une longue rangée de malades qui levaient le bras en criant « Heil Hitler ! ». Un seul homme se tenait de côté, les mains dans les poches, silencieux. Hitler, en colère, lui demanda :

— Et toi, pourquoi ne me souhaites-tu pas la bienvenue avec les autres ?

— Je ne suis pas fou, répondit l'homme, je fais le ménage ici.

Un jeune Allemand s'est porté volontaire dans l'armée allemande. L'officier lui demande :

— Comme vous êtes volontaire, vous pouvez choisir votre corps d'armée : armée de terre, de l'air, les chars, para, tankiste ou marin.

— Je préfère servir au quartier général.

— Vous êtes fou ou idiot ? se moque l'officier.

— Pourquoi ? s'étonne le jeune homme. C'est une condition pour servir au quartier général ?

Hitler rendait un jour visite aux soldats du front russe. Il interrogea un officier allemand :

— Imaginez que vous soyez touché par une bombe russe, quel serait votre dernier désir ?

— J'aimerais, répondit l'officier, que le Führer soit à mes côtés.

En 1942, alors que les nazis conquéraient la partie occidentale de la Russie, un Russe se cacha derrière un gros arbre et observa comment les nazis exécutaient systématiquement les Juifs de son village. Il fut horrifié et se promit en son for intérieur : « Attendez un peu, bâtards, regardez ce que vous faites à nos Juifs. Quand nous aurons vaincu l'Allemagne, vous verrez ce que nous ferons à vos Juifs ! »

Goebbels, ministre de la Propagande de Hitler, fut invité à une visite au paradis.

— C'est très beau, dit Goebbels, propre et ordonné, mais ça a l'air ennuyeux. Montrez-moi l'enfer, à présent.

En enfer, Goebbels s'émerveilla :

— Quel endroit extraordinaire, comme ils mangent et boivent, jouent aux cartes, ils regardent des belles femmes, c'est simplement fabuleux !

A sa mort, il demanda à être intégré immédiatement en enfer. Il fut reçu par des ivrognes qui le frappèrent puis l'introduisirent dans une baignoire pleine de poix bouillante.

— Qu'est-ce que c'est ? Ce n'est pas du tout ce que vous m'aviez montré lors de ma visite, cria-t-il à Satan !

— Bien sûr, lui répondit Satan en souriant, c'était de la propagande.

Une femme entre dans une librairie de Berlin et demande un bon livre pour son mari alité.

— Vous pouvez lui acheter *Mein Kampf*, du Führer, lui suggère le libraire.

— Vous n'y pensez pas, répond la femme, il n'est pas malade à ce point-là !

Hitler et son ministre Goebbels roulaient un jour très vite sur un chemin de campagne. Tout à coup, ils écrasèrent un cochon.

— Très mauvais ! cria Hitler, nous n'avons pas le droit de porter préjudice à un paysan allemand et de le mettre en colère. Arrêtons-nous, allez nous excuser auprès du paysan et proposez-lui de le dédommager.

Cinq minutes plus tard, Goebbels ressortit de chez le paysan, les bras chargés de saucisses, de viande, de pommes de terre et de bouteilles.

— Le paysan n'était pas en colère ? s'étonna Hitler.

— Je n'ai rien compris. Je suis entré et j'ai dit : « Heil Hitler ! Le cochon est mort ! » Et ils ont tous commencé à sauter en l'air, ils m'ont embrassé et ils m'ont donné tous ces cadeaux.

Au cours d'une courte visite dans Paris vaincu, Hitler entra dans une école et demanda aux enfants ce qu'ils désiraient faire quand ils seraient plus grands.

— Je veux être nazi ! répondit spontanément un des gamins.

Hitler arbora un large sourire triomphant et écouta un second enfant :

— Moi, je suis républicain et j'espère que la France redeviendra bientôt une république ! déclara l'enfant.

— Et pourquoi donc es-tu républicain ? demanda Hitler.

— Parce que mon père, mon grand-père et mon arrière-grand-père étaient tous républicains.

— Et si ton père était criminel, tu serais aussi criminel ? s'indigna Hitler.

— Oh, si mon père était criminel, c'est sûr que je serais nazi ! s'exclama l'enfant.

Un vieux Juif de Berlin se retrouve tout à coup entouré par un groupe de jeunes brutes nazies qui le frappent et le jettent à terre puis lui demandent :

— Juif, qui est responsable de la guerre ?

— Les Juifs et les cyclistes, répond le Juif.

— Pourquoi les cyclistes ? s'étonnent les nazis interloqués.

— Et pourquoi les Juifs ? rétorque le vieil homme.

Un Juif est conduit devant un juge nazi.

— Vous êtes juif, demande le juge, ou bien vous avez d'autres antécédents criminels ?

Un gardien de jardins publics nazi aperçoit un Juif assis sur un banc dans un square de Berlin.

— Sale Juif, crache le gardien, tu n'as pas vu la pancarte : « Entrée interdite aux Juifs et aux chiens » ?

— J'ai vu, répond le Juif en souriant, mais comme j'ai constaté que vous êtes quand même entré...

Un inspecteur nazi visite une école et demande à l'un des enfants :

— Qui est ton père ?

— Notre Führer Adolphe Hitler !

— Qui est ta mère ?

— L'Allemagne nazie !

— Et que voudrais-tu devenir ?

— Orphelin !

Un énorme nazi monte dans le train et ne trouve pas de place. Pourtant, au bout d'un moment, il aperçoit un Juif dans un coin, et à côté de lui une grosse valise. Le nazi s'approche et exige :

— Enlève la valise !

— Je ne vois pas pourquoi je devrais l'enlever, réplique le Juif.

— Si tu ne l'enlèves pas, j'appelle le contrôleur.

— Appelez qui vous voulez, répond le Juif.

Le nazi, furieux, sort en trombe et revient quelques secondes plus tard accompagné du contrôleur.

— Si vous n'enlevez pas immédiatement cette valise, vous le regretterez ! menace le contrôleur.

Le Juif hausse les épaules et ne répond pas. Le contrôleur s'empare alors de la valise et la jette par la fenêtre.

— Tu es content, maintenant ! jette le nazi triomphant.

— Je n'ai aucune raison de me plaindre, répond le Juif, la valise n'est pas à moi.

Zalmen est accusé d'avoir médit sur le gouvernement nazi avec ses amis, au café. Il se défend devant le juge :

— Je ne parlais pas de notre gouvernement nazi, je parlais des communistes !

— Juif, ne mens pas ! hurle le procureur. D'après les témoins, tu as dit : « Criminels, voleurs, menteurs, la honte du genre humain. » Nous savons exactement de qui tu parles.

Un Juif se promenait dans la ville par une nuit obscure, lorsque tout à coup il sentit un revolver dans son dos et entendit une voix rauque :

— Bouge pas ou je tire !

Le Juif, tremblant de tous ses membres, s'arrêta immédiatement et leva les bras.

— Donne l'argent ou je te tue !

Le Juif sortit son portefeuille et le donna au voleur en disant :

— Vous m'avez fait peur, j'ai cru un moment que c'était la Gestapo.

Après la défaite de la France, Hitler se rendit à Calais avec une équipe de proches collaborateurs et regarda en direction de l'Angleterre.

— Comment arrive-t-on là-bas ? demanda-t-il.

Grand silence. Tout d'un coup, Goebbels trouve une solution :

— On devrait faire comme les Juifs qui ont traversé la mer Rouge.

— Excellente idée ! s'écrie Hitler, amenez-moi tout de suite un Moïse !

On cherche fébrilement un Moïse parmi les prisonniers juifs, qu'on amène devant Hitler et ses officiers.

— Est-ce que tu peux fendre la mer ? lui crie Hitler.

— Bien sûr, sans problème, répondit Moïse, il me faut juste le bâton et je fendrai la mer.

— Et où est le bâton ? hurle Hitler.

— Au British Museum, répond Moïse.

Un commerçant allemand se trouvait en Norvège occupée par les nazis. Il entendit deux vieux Norvégiens bavarder entre eux. L'un disait :

— Je préfère mille fois, dans mon travail, m'occuper de cent Allemands plutôt que d'un seul Norvégien.

Heureux mais surpris, l'Allemand s'approcha :

— Excusez-moi, monsieur, quel est votre métier ?

— Je suis croque-mort.

Goebbels souffrait de terribles migraines. Il appela clandestinement un médecin juif et lui demanda quoi faire. Après l'avoir entendu, le médecin lui conseilla des bains de tête.

— En quoi cela consiste-t-il ?

— Vous plongez la tête dans l'eau trois fois, et vous la ressortez seulement deux fois.

❦

Dans un atelier nazi, Avram, ouvrier spécialisé, rigole. Surpris, son voisin Léon lui demande la raison de son hilarité.

— Tu connais le sergent SS Hermann ?

— Difficile autrement.

— Comme je l'ai bien eu ! Comme je l'ai bien eu !

— ?

— Tout à l'heure, je l'ai rencontré en arrivant. Il m'a demandé : « C'est bien toi Moché Klein ? » Je lui ai dit oui. Alors il m'a flanqué une claque retentissante et il est parti. Ah ! Ah ! Ah ! Je lui ai dit que j'étais bien Moché Klein alors que je suis Avram Davidoff ! Comme je l'ai bien eu !

❦

Un officier d'immigration demande à un survivant des chambres à gaz, qui a perdu toute sa famille, dans quel pays il désire s'établir.

— En Australie, répond l'homme.

— En Australie ! Mais c'est très loin ! s'étonne le fonctionnaire.

— Loin d'où ? riposte le Juif.

❦

Un Juif se cogne à un antisémite en traversant la rue.

— Sale cochon, insulte l'antisémite.

— Enchanté, moi c'est Eisenberg, répond le Juif courtoisement.

❦

Un homme remplit sa fiche dans un hôtel. Son nom : Lévy.

— Ah, monsieur, on ne loue pas aux Juifs, ici !

— Mais je ne suis pas juif.

— Vous vous appelez Lévy et vous voulez me faire croire que vous n'êtes pas juif ?

— Non, non, je vous assure que je ne suis pas juif, bien que m'appelant Lévy. Tenez, je connais bien l'histoire de Notre-Seigneur : son père s'appelait bien Joseph ?

— Oui.

— Et sa mère Marie ?

— Oui.

— Et il est né dans une étable, n'est-ce pas ?

— Oui, c'est cela.

— Et savez-vous pourquoi il est né dans une étable ?

— Non ?

— Parce que dans ce temps-là aussi, il y avait des salauds qui ne louaient pas aux Juifs !

Une bonne femme juive avec un énorme accent yiddish entre dans un restaurant antisémite. Le maître d'hôtel :

— Madame, on ne sert pas de Juifs ici.

— Oh, mais je n'avais pas l'intention d'en manger !

Un antisémite notoire se trouve invité sans le savoir à la même soirée que Moïse Montefiore, riche Juif anglais très engagé pour le sionisme. Il raconte son dernier voyage :

— Comme c'était merveilleux, au Japon ! Je n'ai pas vu un seul Juif et pas un seul cochon !

Un silence gêné suit cette déclaration tonitruante. Et de l'autre bout de la table, la voix de Montefiore se fait entendre, très douce :

— Si nous nous étions rencontrés plus tôt, nous aurions pu résoudre ce problème, tous les deux.

— Comment ?
— En y allant ensemble...

Groucho Marx avait un fils avec sa femme qui n'était pas juive. Ce fils ne fut pas admis dans un club très chic de la région. Groucho envoya un télégramme : « Puisque mon fils n'est qu'à moitié juif, pourrait-il entrer dans la piscine seulement jusqu'à la taille ? »

Goldstein veut absolument être admis dans un club très select et très antisémite. Il va même jusqu'à changer son nom. Fin prêt, il présente sa candidature.

— Bonjour, je voudrais faire une demande d'admission dans votre grande institution.

— Certainement, monsieur, répond l'employé en s'emparant d'un formulaire. Puis-je vous demander votre nom ?

— Philippe de la Closerie.

— Très bien, monsieur de la Closerie, et puis-je vous demander quelle est votre profession ?

— J'ai une affaire d'import-export.

— Excellent, monsieur, et puis-je vous demander votre adresse ?

— 110, rue Saint-Dominique, à Paris 7e.

— Très bien, monsieur. Excusez-moi, mais je suis obligé par le règlement de vous poser une dernière question, j'espère que vous ne le prendrez pas mal. Quelle est votre religion ?

— Ma religion ? Oh, je suis goï !

Un grand champion de golf juif américain désire être admis dans un club de golf très chic. Malheureusement, ce club n'accepte pas les Juifs, même célèbres. Que fait-il ? Il effectue un long voyage en Europe, change son nom, sa physionomie, son apparence, puis il retourne au pays, et s'inscrit sans problème au club. Son chauffeur noir l'attend à la sortie avec la voiture. Deux heures plus tard, l'homme ressort couvert de sang, le visage et les membres tuméfiés, les habits en lambeaux. Le chauffeur s'affole :

— Ah ! patron, je vous avais bien dit que ça ne marcherait pas. Ils sentent les Juifs comme ils voient les Noirs. On ne peut pas les berner, ils ont une telle haine !

— Mais non, ce n'est pas ça du tout.

— Alors quoi, patron ?

— Je suis entré sans problème, j'ai commencé un parcours. Il est très bien, ce terrain, bien conçu et bien entretenu. J'avais décidé de ne pas susciter de soupçons et de jouer en plusieurs coups ce que je pouvais réussir mieux. Ce que j'ai fait pour les cinq premiers trous. Le sixième trou se trouvait de l'autre côté d'un petit lac. J'ai visé, j'ai envoyé la balle et, je ne sais pas ce qui s'est passé, la balle est tombée et les eaux se sont fendues !

Une femme américaine descendante des pionniers, appartenant à la haute société de San Francisco, décide un jour d'organiser un thé en l'honneur de l'armée de sa ville. Elle envoie une invitation pour dix officiers au commandant de la base, et en tout petit, en bas de la carte, elle ajoute : « S'il vous plaît, n'envoyez pas de Juifs. »

Le jour de l'invitation, devant toutes ses amies, cette femme voit arriver à sa porte dix officiers bien astiqués, souriants et... noirs !

Choquée et stupéfaite, elle trouve juste la force de murmurer :

— Oh non ! Ce n'est pas possible ! Il y a eu une erreur !

— Non, madame, lui répond l'un des officiers avec un large sourire, le commandant Cohen ne se trompe jamais !

Salomon se promène dans la rue. Il a envie de s'acheter une glace. Il aperçoit un marchand, mais au moment de demander il lit avec stupeur une affiche : « Interdit aux Juifs ».

— Comment, « interdit aux Juifs » ! Je vais vous attaquer en justice ! Quel est votre nom ?

— Siméon Cohen.

— Quoi ! Un Cohen ! Vous n'avez pas honte, après toutes les souffrances que nous avons endurées, vous êtes juif et antisémite !

Alors le marchand, tout bas :

— Vous les avez goûtées, mes glaces ?

Chaque année, M. Weinberg est client du Negresco, le palace de Nice. C'est le meilleur client de l'année : il réserve la plus grande suite, il reste un mois entier, invite ses amis tous les jours — un client en or.

Une année, alors qu'il est dans le prestigieux hôtel depuis à peine trois jours, il convoque le garçon d'étage et lui demande sa note. Le garçon, très étonné, prévient le directeur du palace. Ce dernier accourt, affolé.

— Cher monsieur Weinberg, je suis persuadé que c'est une erreur, j'apprends que vous voulez quitter le Negresco ?

— Absolument, donnez-moi ma note, je paie immédiatement et je m'en vais !

— Comment, monsieur Weinberg, c'est donc vrai ! Mais que s'est-il passé ? Le service ne vous convient pas ? Je vous envoie quelqu'un d'autre sur-le-champ !

— Le service me convient, mais je pars !

— La suite ne vous convient pas ? Je vous la change à l'instant, monsieur Weinberg !

— La suite me convient, mais donnez-moi donc ma note !

Les persécutions, l'antisémitisme

— Enfin, monsieur Weinberg, nous nous connaissons depuis plus de quinze ans, que se passe-t-il ?

— J'apprends que vous êtes antisémite !

— Moi ! Antisémite ! Monsieur Weinberg ! En pleine saison !

10

La mort, le monde futur

Même la mort n'est pas un sujet tabou... Quand même, on n'est pas très à l'aise. C'est pour aller (aller simple) où ? Gan Eden[1] ou Gehinam[2] ?

Ce qui est sûr, c'est qu'on y trouve de la compagnie, on fait des nouvelles rencontres, on visite, bref, on ne s'ennuie pas dans le monde futur.

Il y avait une fois, dans Bagdad, un calife et son vizir. Un jour, le vizir arriva devant le calife, pâle et tremblant :

— Pardonne mon épouvante, Lumière des Croyants, mais devant le palais une femme m'a heurté dans la foule. Je me suis retourné, et cette femme au teint pâle, aux cheveux sombres, à la gorge voilée par une écharpe rouge, était la Mort. En me voyant, elle a fait un geste vers moi. Puisque la Mort me cherche ici, Seigneur, permets-moi de fuir très loin, à Samarkand.

Le vizir enfourcha son cheval, s'éloigna au grand galop et disparut dans un nuage de poussière. Le calife sortit alors de son palais et lui aussi rencontra la Mort :

— Pourquoi avoir effrayé mon vizir, qui est jeune et bien portant ? demanda-t-il.

Et la Mort répondit :

— Je n'ai pas voulu l'effrayer mais, en le voyant dans Bagdad, j'ai eu un geste de surprise, car je l'attends ce soir à Samarkand.

Ruben est sur son lit de mort, entouré de toute sa famille. Il trouve la force de dire quelques derniers mots :

— Joseph, mon fils, est-il là ?

— Oui, père, je suis avec toi.

1. Le paradis.
2. L'enfer.

— Et Sara, ma chère femme, est-elle là ?
— Oui, mon pauvre Ruben, je suis avec toi.
— Et mon frère Juda, est-il là ?
— Je suis avec toi.
— Et mes deux trésors, Dina et Ephraïm, sont-ils là ?
— Oui, père, nous sommes avec toi.
— Tout le monde est là ?
— Oui, oui, rassure-toi, nous sommes tous là.
— Mais alors, si tout le monde est là, qui garde le magasin ?

Joseph, quatre-vingts ans, a été renversé par une voiture et repose sur le trottoir, assez mal en point. Un policier arrive sur les lieux et, en voyant la victime, appelle immédiatement une ambulance et un prêtre.

Le curé arrive le premier et constate que le vieil homme est dans un état grave. Sa dernière heure est arrivée. Alors il lui pose les questions d'usage :

— Croyez-vous en la Sainte Trinité, le Père, le Fils et le Saint Esprit ?

Joseph trouve la force de lever la tête, ouvre les yeux et demande à tous les gens qui le regardent :

— Je suis allongé ici en train de mourir et lui il joue aux devinettes !

On lit les dernières volontés du défunt : « A ma femme Hanna, je laisse la moitié de mes possessions. A chacun de mes trois enfants, je laisse le tiers de la moitié restante. Et à mon beau-frère, à qui j'ai promis une mention dans mon testament, je dis : salut, Jojo, ça va ? »

Un pauvre est au cimetière en train d'admirer la tombe fastueuse, une énorme pierre en marbre décoré, de l'homme le plus riche de la ville. Il hoche la tête et murmure à part soi :

— Ça, c'est ce qui s'appelle savoir vivre !

Un homme demande un prêt pour payer les funérailles de sa femme qui vient de mourir.

— Mais, nous vous avons déjà accordé un prêt pour votre femme, il y a trois ans.

— Oui, mais je me suis remarié.

— Ah, je ne savais pas. Mazal tov !

Un pauvre homme très âgé transporte sur la route un énorme fardeau. La route monte et l'homme n'en peut plus. Il souffle de plus en plus, il se courbe de plus en plus, à tel point que la charge tombe par terre. Alors il se lamente :

— Je ne veux plus vivre ! Que la Mort vienne et m'emporte !

La Mort se présente à lui :

— Tu m'as appelée ? Me voici.

— Oui, aide-moi à remettre cette charge sur mon dos !

Un couple âgé d'environ quatre-vingt-cinq ans, en parfaite santé, meurt dans un accident de voiture. Ils arrivent au paradis, ils s'émerveillent : tout est pour le mieux, il fait beau, on n'a pas de soucis, on vous dit bonjour, les gens sont agréables et sympathiques. Ils se sentent merveilleusement bien. Le mari se tourne alors vers sa femme :

— C'est bien, hein ?

— Extraordinaire !

— Ouais, sans tes conneries de bouffe macrobiotique, on aurait pu être là depuis trente ans déjà !

Shlomo, garçon populaire d'un restaurant très fréquenté, vient de mourir. Les habitués décident d'en appeler à un médium pour tenter de communiquer avec lui dans l'au-delà.

— Frappez sur la table comme vous aviez l'habitude de le faire lorsqu'il était vivant, recommande le médium, et il se manifestera.

Ils s'installent tous et se mettent à taper sur la table. Aucun signe, rien. Ils tapent encore, de plus belle. Toujours rien. De plus en plus fort. Rien encore. Alors ils se mettent à l'appeler par son nom, jusqu'à ce qu'il apparaisse.

— Alors, Shlomo, pourquoi n'es-tu pas venu depuis le début ? demande une des personnes du groupe.

— Parce que ce n'était pas ma table, réplique Shlomo.

Un homme qui a fait beaucoup de bien dans sa vie arrive au paradis. C'est très bizarre, il n'y a presque personne. Le premier jour, il reçoit pour son repas du matin du pain et de l'eau. Il se dit : « Ce doit être un test, pour voir si je suis apte à rester là. »

Au repas de midi, il reçoit du pain et de l'eau. Au repas du soir, du pain et de l'eau. Il prend son mal en patience.

Le deuxième et le troisième jour, même menu. Au bout d'une semaine, très déçu, car il croyait avoir passé ses épreuves avec succès, il regarde vers le bas, en enfer. Il y a un monde fou, le cuistot travaille toute la journée. Il remarque de loin des rôtis succulents, des steaks, des poulets rôtis, des soupes épaisses et fumantes, des légumes frais, des montagnes de gâteaux, des fruits de toutes sortes, des vins fins, des liqueurs et des alcools, et là, il craque. Il va voir l'ange gardien et lui demande :

— Excusez-moi, ange, puis-je vous poser une question ?

— Évidemment, cher ami.

— Je ne comprends pas quelque chose : c'est bien le paradis, ici, alors comment se fait-il qu'en bas, en enfer, ils mangent comme des rois et moi je ne reçois que du pain et de l'eau ?

— C'est vrai, mais c'est que ça ne vaut pas la peine de cuisiner pour si peu de monde !

A l'enterrement du très riche Kaufmann, un homme pauvrement habillé pleure à fendre l'âme.

— Vous étiez de la famille du défunt ? lui demande quelqu'un.

— Oh non ! dit-il en pleurant de plus belle.

— Mais alors, pourquoi pleurez- vous ?

— C'est justement pour ça !

Shimon agonise. Il appelle son fils :

— Jacob, qu'est-que c'est, cette délicieuse odeur de strudel ? Va dire à ta mère de m'en donner un morceau avant que je meure.

Jacob part à la cuisine et revient aussitôt :

— Maman dit qu'elle ne peut pas t'en donner, c'est pour après l'enterrement !

Ruben vient de mourir. Lorsqu'il arrive au paradis, un ange est chargé de lui faire les honneurs et lui organise une visite guidée.

— Comme vous voyez, les âmes sont séparées en groupes : vous avez là le groupe des gens de Marrakech...

— Enchanté.
— A côté de ceux de Varsovie...
— Enchanté.
— Ici, les originaires de Marseille...
— Comment allez-vous ?
— Voisins de ceux de Tel-Aviv...
— Vous allez bien ?
— Là-bas, vous avez les Loubavitch...
— Ravi de faire votre connaissance.
— Et là, attention, ne faites surtout pas de bruit, ici vous voyez la secte des Netourei Karta...
— Et pourquoi dois-je me taire ?
— Parce qu'ils croient être les seuls ici...

Le pape vient d'arriver dans le monde d'en haut. Il a beau être très patient, personne ne s'occupe de lui. Lui, le pape !
Il va voir le bon Dieu et lui susurre :
— Eh ! Dieu ! Je suis là ! C'est moi, le pape !
— Ah ! Qu'est-ce que c'est que ça, le pape ?
— Le chef spirituel des chrétiens.
— Les chrétiens ?
— Rappelle-toi, Marie, à Bethléem, ton fils, Jésus, la croix...
— Qu'est-ce que c'est que cette histoire ?... Ah oui ! Cette affaire que j'ai montée il y a deux mille ans ! Elle marche encore ?

C'est par une nuit d'hiver sombre et orageuse que Yacov, vieil homme pauvre et malade, sent qu'il va bientôt mourir. Il appelle sa femme :
— Va vite chercher le curé, dis-lui de venir tout de suite.
— Le curé, Yacov ? Mais tu délires ! Tu veux dire le rabbin, bien sûr !

— Non, non, je veux dire le curé. Pourquoi déranger notre rabbin par une nuit pareille ?

David et Ephraïm, qui sont deux grands bandits, discutent, prétendant chacun être la plus grande canaille des deux. Finalement, David dit à Ephraïm :

— Tu ne risques pas d'aller au ciel après ta mort.

— Détrompe-toi, j'irai.

— Pas possible !

— Si ! Quand j'arriverai à la porte du paradis, je la pousserai, je regarderai et je la refermerai. Puis je l'ouvrirai et la refermerai encore. Puis de nouveau je l'ouvrirai et la refermerai, et ainsi de suite. Alors l'ange de la porte en aura assez et finira par me crier : « Entrez ou sortez, mais cessez ! » Alors, j'entrerai.

Un homme d'une méchanceté notoire vient de mourir. Il est envoyé directement en enfer. Au bout de quinze jours de souffrances atroces, il aperçoit enfin la lumière de la justice et de la bonté, et il se repent. Il est alors envoyé au paradis. Il y reste quinze jours, qu'il savoure avec délice. Puis on le renvoie en enfer. Il se plaint :

— Pourquoi ? J'étais en enfer, et je me suis repenti ! Pourquoi me renvoyez-vous du paradis ?

Un ange lui répond :

— Après ta mort, ton fils a envoyé des chèques de tsédaka [1] en ton nom.

— Ah !

— C'est pour cela que tu as été envoyé au paradis.

— Alors ! Je devais y rester !

1. Aumône.

— Oui, mais quinze jours après, les chèques sont revenus impayés !

Bialik, un des plus grands poètes israéliens, disait un jour à l'un de ses amis, homme pieux :

— Nous n'irons en enfer ni l'un ni l'autre, sais-tu pourquoi ?

— Non ?...

— Toi, parce que tu ne mérites pas d'aller en enfer, et moi, parce que je ne crois pas à l'enfer.

Vu sur la pierre tombale d'un hypocondriaque : « Je vous l'avais bien dit ! »

Bibliographie

ATLAN Henri, *A tort ou à raison,* Seuil, 1987.

BERGSON Henri, *Le Rire,* PUF.

BLONDEL Éric, *Le Risible et le Dérisoire,* PUF, 1988.

BOUGANIM Ami , *Récits du mellah,* Lattès, 1981.

BULAWKO Henri, *Anthologie de l'humour juif,* Bibliophane, 1988.

COHEN Adir, *Humor-Therapy,* Tel Aviv, 1994.

COHEN Albert, *Les Valeureux,* Gallimard, 1969.

FINBERT Elian-J., « De l'humour juif », in *Aspects du génie d'Israël, Les Cahiers du Sud,* Paris, 1950.

FREUD Sigmund, *Le Mot d'esprit et sa relation avec l'inconscient,* Gallimard, 1988.

NAHUM André, *Histoires de Ch'ha,* Bibliophane, 1986.

NATHAN Tobie, « Goha le simple », préface à *Histoires de Ch'ha,* 1978.

OUAKNIN Marc-Alain, *Lire aux éclats,* Points-Seuil, 1993.

ROSTEN Léo, *Les Joies du yiddish,* Calmann-Lévy, 1993.

SEPHIHA Haïm-Vidal, *Du miel au fiel,* Bibliophane, 1992.

SIBONY Daniel, *Jouissance du dire,* Grasset, 1985.

STORA-SANDOR Judith, *L'Humour juif dans la littérature,* PUF, 1984.

SZAFRAN A.W. et A. NYSENHOLC, *Freud et le rire,* Métailié, 1994.

TELUSHKIN Joseph, *Jewish Humor,* Morrow, 1992.

Remerciements

Nous tenons à remercier chaleureusement ici nos amis de nous avoir offert bon nombre des histoires drôles de ce livre. Sans certains d'entre eux, ce livre n'aurait jamais eu la drôle d'idée de se trouver un éditeur : Aldo et Laurent Naouri, Daniel et Nadia Lellouche, Paul et Liliane Atlan, François et Dominique Racheline, Mathias et Nathalie Pascual, Sophie et Chaoul Benchimol, Benjamin et Tamar Machado, Marc et Anette Wygoda, Braner, Hugues Zysman, Josy Eisenberg, David et Geneviève Leiser, Stéphane Zagdansky, Adam Ouaknin.

Sommaire

Première partie

Le monde intracommunautaire

Deuxième partie

Le monde extracommunautaire

Crédits photographiques

couverture :
Woody Allen, Sigmund Freud. Dessins de David Levine © 1978 by Nyrev, Inc. By permission of the New York Review of Books Dessin : © Dick Codor 1979.

pages intérieures : © Dick Codor 1979 ; © Dick Codor 1981 ; © Devis Grebu 1981 ; © 1975 by Writer's Digest and Jack Ziegler ; © Dick Codor 1980 ; From Running A Munck, © 1978 by John Caldwell. By permission of the Writer's Digest Books ; © 1980 by The New Yorker Magazine, Inc.

Impression réalisée sur CAMERON par
BRODARD ET TAUPIN
La Flèche

pour le compte des Éditions Ramsay
en mars 1995

Imprimé en France
Dépôt légal : mars 1995
N° d'impression : 1810 L-5
ISBN : 2-84114-084-9
50-0625-9